TATIANA BELINKY

Transplante de menina

3ª EDIÇÃO

© TATIANA BELINKY 2003
1ª edição 1989
2ª edição 1995

COORDENAÇÃO EDITORIAL	Maristela Petrili de Almeida Leite
EDIÇÃO DE TEXTO	Erika Alonso, Luiz Vicente Vieira Filho
COORDENAÇÃO DE PRODUÇÃO GRÁFICA	Fernando Dalto Degan
COORDENAÇÃO DE REVISÃO	Estevam Vieira Lédo Jr.
REVISÃO	Luduína Santana
EDIÇÃO DE ARTE/PROJETO GRÁFICO	Ricardo Postacchini
CAPA	Victor Burton
ILUSTRAÇÕES	Claudia Scatamacchia
DIAGRAMAÇÃO	Staf/Ana Maria Onofri
TRATAMENTO DE IMAGENS	Américo Jesus, Fábio N. Precendo
SAÍDA DE FILMES	Helio P. de Souza Filho, Marcio H. Kamoto
COORDENAÇÃO DE PRODUÇÃO INDUSTRIAL	Wilson Aparecido Troque
IMPRESSÃO E ACABAMENTO	A.S. Pereira Gráfica e Editora EIRELI Lote: 787200 - Código: 12035050

Dados Internacionais de Catalogação na Publicação (CIP)
(Câmara Brasileira do Livro, SP, Brasil)

Belinky, Tatiana
   Transplante de menina / Tatiana Belinky. —
3. ed. – São Paulo : Moderna, 2003 – (Coleção veredas)

   1. Literatura infantojuvenil   I. Título.
II. Série

02-6280   CDD-028.5

Índices para catálogo sistemático:
1. Literatura infantojuvenil   028.5
2. Literatura juvenil   028.5

ISBN 85-16-03505-0

Reprodução proibida. Art.184 do Código Penal e Lei 9.610 de 19 de fevereiro de 1998.

Todos os direitos reservados

EDITORA MODERNA LTDA.
Rua Padre Adelino, 758 - Belenzinho
São Paulo - SP - Brasil - CEP 03303-904
Vendas e Atendimento: Tel. (0__ __11) 2790-1300
Fax (0__ __11) 2790-1501
www.modernaliteratura.com.br
2023
Impresso no Brasil

*À luminosa memória de meu pai Aron,
minha mãe Rosa
e meu irmão pequeno Benjamin.*

Sumário

PRIMEIRA PARTE
Rússia — Brasil............... 7

SEGUNDA PARTE
Brasil — São Paulo......... 73

PRIMEIRA PARTE
Rússia – Brasil

EU NÃO NASCI NO BRASIL: sou imigrante. Nasci na Rússia, na então capital, que já não se chamava São Petersburgo, como quando foi fundada e construída pelo Imperador Pedro, o Grande, e ainda não se chamava Leningrado — agora São Petersburgo, recuperando assim seu nome original. Quando eu nasci, dois anos depois da Revolução Russa, um ano após o término da Primeira Guerra Mundial, a cidade se chamava Petrogrado — "cidade de Pedro", em russo. O país estava em plena guerra civil, havia mesmo fome na cidade, os alimentos estavam racionados, a vida era muito difícil. Então meus pais, que eram cidadãos letonianos, resolveram voltar para Riga, capital da Letônia, um dos pequenos países do Mar Báltico. E foi assim que, de um ano de idade até os dez, vivi com meus pais e meus dois irmãos, que nasceram depois (o primeiro, dois anos e meio; o segundo, temporão, quase dez anos mais novo que eu), na bonita cidade de Riga, conhecida principalmente pela madeira que exportava para o mundo inteiro, o famoso pinho-de-riga.

Mas também em Riga a vida não era fácil. A situação econômica era ruim, a política, pior ainda, e as coisas não andavam boas para os meus pais, gente de classe média remediada. Até que a situação se tornou insustentável, e meus pais resolveram sair do país, tentar arrumar a vida em outras terras. Em suma, emigrar — ainda que fosse em caráter provisório, por alguns anos: até melhorar de vida, resolver alguns problemas, quem sabe "fazer América", como se dizia naqueles tempos. E "fazer América" significava, logo à primeira vista, ir para os Estados Unidos da América do Norte, tido como o país da fartura e da oportunidade. Ou então, na pior das hipóteses, para a Argentina, que era considerada o país mais rico, civilizado e "europeu" da América Latina. Ninguém pensava em Brasil, as pessoas nem sabiam nada sobre este país, praticamente nunca sequer ouviram falar dele.

Então, como foi que nós viemos parar aqui? Simples: era impossível ir para os Estados Unidos, por causa das "cotas" de imigração vigentes: cada país só tinha direito de "exportar" para lá um determinado número de emigrantes, e a cota da Letônia para os Estados Unidos estava esgotadíssima, a fila de espera por um visto permanente era enorme, demoraria anos até a gente poder entrar lá. Com a Argentina acontecia coisa parecida, a espera talvez fosse menor que a primeira, mas também levaria anos. Já o Brasil, naquelas décadas de 20 e 30, não só recebia os imigrantes de braços abertos, como até os chamava, oferecendo toda sorte de facilidades para quem quisesse vir se fixar aqui. É que o Brasil estava, naquele pós-guerra, necessitado de mão de obra para a lavoura e para a incipiente indústria, e aquelas chamadas visavam principalmente aos imigrantes proletários: camponeses, operários e artesãos, os quais, de fato, vieram em verdadeiras levas. A história dessa imigração maciça — de italianos, espanhóis, japoneses, poloneses, judeus, árabes e filhos de tantos outros povos — depois da Primeira e antes da Segunda Guerra Mundial — é toda uma epopeia. Epopeia que já começou a ser contada em livros, teatro, cinema e até televisão. E que constitui um capítulo dos mais importantes na História do Brasil deste século, em especial a de São Paulo, do seu crescimento e progresso.

Mas existe um outro tipo de emigrante, bem menos numeroso, que não pertencia àquela maioria de lavradores, trabalhadores braçais, operários "anarquistas graças a Deus", procurando escapar da pobreza e falta de perspectiva em que viviam nos seus países de origem. Eram os outros emigrantes, os que tiveram de deixar suas pátrias por motivos vários, muitas vezes políticos, econômicos, também problemas legais e outros. Estes não eram proletários, e sim gente de classe média, profissionais liberais, comerciantes, intelectuais — gente da chamada burguesia urbana, de vários tipos e níveis. Dessas pessoas, as que tinham pressa de emigrar aproveitaram as facilidades oferecidas por países como o Brasil e vieram instalar-se de preferência nas cidades maiores, onde poderiam exercer melhor as suas atividades, com proveito para si mesmas e para o país que as recebia. É desse tipo de emigrante que fazíamos parte, a minha família e eu.

Então sou — ou fui — imigrante. Mas sou brasileira, como consta no meu "RG" — casada com brasileiro, com filhos e netos brasileiros: marido santista, filhos e netos e bisnetos paulistanos. E que ninguém venha me dizer que, por ser naturalizada (com o jamegão de Getúlio Vargas no meu título de naturalização), eu sou estrangeira. Costumo dizer que sou, quiçá, mais brasileira que boa parte dos brasileiros natos. Porque a verdade é que, neste país de jovens, a maioria da população aqui nascida "não está no Brasil" há mais de setenta anos, como eu...

Só que eu não virei brasileira de repente, do dia para a noite, sem mais nem menos. Quando cheguei ao Brasil, tinha pouco mais de dez anos e todo um passado europeu atrás de mim: toda uma vida, todo um "caldo de cultura". Clima, costumes, educação, idioma, até a maneira de vestir e de morar eram muito diferentes. E levei algum tempo até me "aclimatar" e acostumar com todas as coisas novas que me esperavam no Brasil, na cidade de São Paulo, e principalmente na Rua Jaguaribe, onde morei com minha família durante os primeiros três anos após a nossa chegada. Às vezes isso foi relativamente fácil, mas muitas vezes foi difícil, duro e traumatizante.

Aqueles primeiros anos foram anos de aprendizado e adaptação, de luta para absorver e assimilar uma enorme quantidade de impressões e de dados novos, de novas coordenadas. Coisas que ora me pareciam boas e agradáveis, ora más e dolorosas; ora interessantes e fascinantes, ora estranhas e incompreensíveis. Era um verdadeiro choque cultural, agravado pelo fato de nos encontrarmos aqui "sozinhos" — isto é, a nossa pequena família nuclear — pai, mãe e três crianças —, distantes e isolados da grande, aconchegante e unida família, e dos muitos amigos que deixamos para trás, lá no norte da Europa.

Hoje — e já há muito, muito tempo — eu não trocaria o Brasil por nenhuma espécie de "paraíso terrestre" em qualquer outra parte do mundo. (E note-se que eu viajei muito, vi muitos países, coisas bonitas e interessantes...) E, no Brasil, não gostaria de viver em qualquer outro lugar a não ser em São Paulo, essa "Paulicéia Desvairada", essa megalópole caótica, fervilhante, dinâmica — e, sim, muito linda, onde cresci, estudei e lancei minhas raízes. E onde espero descansar, quando chegar o meu dia.

Mas, por enquanto, gosto de recordar a minha longínqua infância, repartida entre a Europa e o Brasil. Uma infância tão rica de experiências e emoções, de sustos e surpresas, de alegrias e tristezas, de tantas emoções e vivências, que sinto vontade de contar algumas delas aos jovens de hoje. E o que vou contar é tudo verdade verdadeira.

O FRIO QUE FAZIA EM RIGA, no inverno, não era brincadeira. A temperatura chegava a cair abaixo dos trinta graus centígrados, e nesses dias nós, crianças, ficávamos presas em casa, no apartamento, como passarinhos na gaiola. A gente só podia ficar espiando o lado de fora pelas vidraças enfeitadas por caprichosos desenhos de cristais de geada, que a gente esfregava para formar uma claraboia transparente. As vidraças eram duplas, uma do lado de fora, outra dentro, com um espaço entre as duas, e ainda uma beirada que dava para a rua, um "aparador" que a neve acolchoava de branco fofo e festivo. Nessa espécie de prateleira, mamãe colocava maçãs para assar no frio. Sim, porque o frio ali não era sequer como o de uma geladeira — coisa que, aliás, nós nem tínhamos em casa: era mais para *freezer*, e durante a noite gélida as maçãs encolhiam, ficavam murchas e escurinhas, "assadas" naquela friagem. Aí, mamãe tirava as maçãs de lá e as colocava sobre os radiadores do aquecimento central, onde elas se descongelavam e se transformavam em deliciosa sobremesa.

Quando o frio não era tanto, só uns suportáveis oito ou dez graus negativos, a gente podia sair para passear durante uma horinha. Era gostoso sair para a neve, acompanhados pela nossa *Fräulein*, a governanta alemã, respirar o ar geladinho, passear no parque puxando o nosso trenozinho, descer com ele as rampas suaves do jardim público. Ou patinar na lagoa do parque, dura de gelo, deslizando na sola das próprias botas. Só que o nosso prazer era um pouco prejudicado pelo excesso de agasalhos que éramos forçados a usar. Naquele tempo não tínhamos — e nem havia — agasalhos leves e quentes, de tecidos sintéticos, como agora. O que nos faziam vestir eram camadas e camadas de roupas grossas de lã, malhas sobre malhas, *tweeds* pesados, botas forradas de feltro, casacos impermeáveis acolchoados de algodão, gorros de pele cobrindo as orelhas, chales e cachecóis enrolados no pescoço, luvas "de dedão" que tolhiam o uso dos quatro dedos restantes, e sei lá o que mais. Daí, só com os olhos e a ponta do nariz livres, a gente ficava mais durinho de movimento do que boneca de pano recheada de macela, feito a *Emília*, de Lobato, antes de virar quase-gente. Mesmo assim dava para brincar de batalha de bolas de neve ou de construir um homem de neve com olhos de carvão, boca de graveto e nariz de cenoura. Mas de vez em quando acontecia que a ponta do nosso próprio nariz começava a ficar congelada, e daí a gente pegava um punhado de neve e esfregava com força o nariz branco, duro e amortecido, até arder e ele ficar vermelhinho e sensível de novo — uma dorzinha até bem-vinda. Também era gostoso quebrar as estalactites de gelo que se formavam em calhas e beiradas, para chupá-las feito pirulito, para horror da *Fräulein*. Certa vez ela me flagrou fazendo isto, e me admoestou solenemente, em alemão: "Como é que você, uma menina *deste* tamanho, que logo vai fazer seis anos, pode se comportar assim!" E eu fiquei deveras envergonhada desse pecado, na minha avançada idade de cinco anos e meio...

Já em casa, no apartamento aquecido pelos radiadores onde circulava a água muito quente da caldeira central, fazia às vezes até calor demais, e nós, crianças, podíamos brincar à vontade.

E como brincávamos! As horas do dia não eram suficientes para tanta brincadeira, e o comando de ir para a cama era invariavelmente saudado pelos mais veementes protestos, só mitigados pela perspectiva das histórias que papai nos contava sempre na hora de dormir. Ele era um grande contador de histórias e tinha um repertório que parecia interminável. Eram histórias fantásticas e histórias verdadeiras, tiradas da literatura e da imaginação, da História do Mundo e da Mitologia, da Bíblia, do folclore e da poesia. Esta última, então, papai sabia "dizer" como um verdadeiro artista, a gente ficava encantada e emocionada, e queria ouvir mais e sempre mais. Tudo isso me dava uma vontade crescente de ler, os livros me fascinavam desde muito cedo. Não foi à toa que aprendi a ler — brincando com bloquinhos de letras, com pouco mais de quatro anos de idade — e nunca mais parei.

MAS LER ERA APENAS um dos nossos, melhor dizendo, dos meus divertimentos caseiros, no inverno. (Meu irmão, quase três anos menor, ainda não sabia ler, pelo que eu tinha muita pena dele…) Nós dois tínhamos o nosso quarto, com porta dupla dando para o dormitório dos nossos pais. No vão da porta, papai pendurou um balanço que, claro, era usado à beça, e com tanto ímpeto que a gente quase batia com a cabeça no forro dos quartos…

O mesmo vão entre os quartos servia, em outras ocasiões, para separar o "palco" — nosso quarto — da "plateia" — o quarto dos pais — com uma "cortina", ou pano de boca, feito de lençóis gentilmente emprestados por mamãe para fazermos o nosso teatro. Fazíamos "jogos dramáticos", improvisávamos peças com as histórias conhecidas, pantomimas, imitações, declamações, cantorias. Sim, porque a gente já conhecia e amava o teatro: nossos pais nos levavam para assistir a peças infantis, e também operetas, que eram os "musicais" da época, e balés com enredos de contos de fada e outros grandes espetáculos. A gente tentava imitar tudo, e me lembro bem do meu primeiro "papel dramático", ao redor dos meus quatro anos de idade: eu era uma mosca. Engatinhava pelo chão, esfregando o focinho com as patinhas, zumbindo e recitando uns versinhos que diziam que eu estava andando pelo teto, a caminho da casa do velho besouro meu amigo. E eu tinha certeza absoluta de andar pelo teto, de cabeça para baixo — uma sensação inesquecível.

De vez em quando, éramos também levados ao cinema, para assistir às hilariantes comédias de Charlie Chaplin — agora muito conhecido pela TV —, de Harold Lloyd e de outros grandes comediantes do cinema mudo, além dos desenhos animados em preto e branco, como por exemplo os do Gato Félix, que saltava de um tinteiro.

O que nós não tínhamos naquele tempo era televisão, naturalmente — esta ainda levaria mais de vinte anos para aparecer. Para dizer a verdade, nem rádio nós tínhamos. O rádio já existia, claro, meu pai até construía radinhos de galena, que pegavam a duras penas fragmentos dos poucos programas que eram transmitidos, e eram mais uma curiosidade que outra coisa. Tínhamos, isso sim, um gramofone, uma daquelas vitrolinhas de manivela, que tocava uns discos meio rouquinhos e fanhosos de setenta e oito rotações por minuto. Era até divertido, e tínhamos discos de canções populares ou de moda, russos, alemães e até norte-americanos — mas como deleite artístico era muito mais gostoso ouvir mamãe cantar.

Mamãe tinha uma bonita voz de soprano dramático, quente e modulada, e cantava com sentimento e expressão, tanto cantigas de ninar como canções ciganas, românticas e populares, árias de ópera e opereta, músicas folclóricas e humorísticas, canções de protesto e marchas revolucionárias, em russo, alemão e iídiche. Ouvi-la era sempre agradável e interessante, e — pela extensão e variedade do seu repertório — até mesmo bem informativo. Muitos dos temas e das letras das músicas que ela cantava eu só vim a entender direito mais tarde — mas, na hora, era sempre uma delícia.

De modo geral, em termos de educação artística, do desenvolvimento da apreciação e do gosto pelas coisas bonitas do mundo, nós, crianças, tínhamos em casa um prato cheio. Entre os livros — e eram livros mesmo, não havia revistinhas nem gibis, e nem mesmo os livrinhos "magros" e, de certa forma, descartáveis, que pululam agora —, as poesias e as histórias de papai, as canções de mamãe, e a vitrolinha de manivela; e mais as muito esperadas saídas, de vez em quando, para o teatro, cinema, balé, música, mágica e circo-maravilha; e também para o museu de arte, com seus quadros, objetos antigos, esculturas — no meio de tudo isso, ainda nos sobrava muito tempo para brincar em casa.

A gente sabia usar as mãos e a cabeça, fabricar nossos próprios brinquedos, com lápis e papel, aquarela, tesoura, cartolina, barbante, ráfia, grude caseiro feito de amido, papel crepom e papel de seda; e ainda caixinhas de fósforos e plastilina (uma massa de modelar, meio fedidinha), palitos, tampinhas, jornal velho, casca de ovo, e toda sorte de "sucatas" domésticas. Eu fazia toalhinhas de renda e bonecas recortadas com tesoura, bonecos de cartolina que dançavam ao se puxar uma cordinha, casas de boneca com mobília feita de papelão ou de cartas de baralho usadas, dobraduras tipo "origami" primitivo, máscaras e roupas de crepom para o nosso teatrinho, grinaldas de papel, chapéus de fantasia e enfeites vários para as nossas festinhas de aniversário, nas quais toda a decoração ficava a nosso cargo, e nem me recordo o que mais...

Brinquedos mesmo, tínhamos poucos, e nem sentíamos falta deles. Lembro-me do nosso trenó — era azul, com uma flor pintada — e do triciclo do meu irmão, com o qual ele rodava em volta da mesa da sala de jantar, sempre em excesso de velocidade. E também de um tambor e de um cavalinho de pau, desses de cabo de vassoura. E eu tive dois brinquedos de estimação, dois bichos de pelúcia, uma raposinha e um cachorrinho, chamados, em russo, Lisítchka e Bobka, que eu amava muito, e que perdi de maneira dramática, pelo menos para mim: eles me foram sumariamente confiscados e queimados — incinerados a pretexto de desinfecção, por causa de uma infestação do couro cabeludo que apanhei aos quatro anos. Esse mal era tratado com aplicações de raios X, que me fizeram cair o cabelo todinho. Foi horrível: fiquei careca e duplamente deprimida — por ter ficado tão feia e ainda por cima sem os meus bichos queridos. Foi um período bem triste da minha infância, uma tristeza que durou vários meses, no decorrer dos quais o meu cabelo acabou crescendo de novo — mas Lisítchka e Bobka não voltaram mais, e eu nunca mais quis ter um bicho de brinquedo. Mas tive uma boneca, uma única, chamada Lídia, que durou vários anos, até deixarmos Riga para vir ao Brasil. Essa Lídia trocou de cabeça várias vezes, porque meu irmão insistia em quebrá-la para descobrir o que havia dentro, que a fazia abrir e fechar os olhos e miar "mamãe"... E tínhamos também alguns jogos, como dominó, loto, damas, que a gente usava, mas não muito. Mesmo porque estávamos sempre inventando novidades para brincar.

Por exemplo, eu gostava de me meter no vão, de uns cinquenta centímetros de fundo, entre as duas portas da entrada do apartamento — porque a porta do *hall* do elevador também era dupla, como as janelas, não sei se por segurança ou por causa da friagem mesmo. Aquele vão era como uma espécie de armário, o lugar mais escuro da casa, e por isso eu me enfiava lá, com um pente de osso na mão, para fazer saltar faíscas do meu cabelo. Isso mesmo: o frio seco gera eletricidade estática, e o meu cabelo, basto e crespo, submetido a repetidas passadas do pente de osso, crepitava forte e soltava uma chuva de "estrelinhas", fagulhas elétricas luminosas, que faziam o deleite do meu irmãozinho — e o meu próprio, claro. Essa eletricidade estática era tão forte que às vezes, na rua, quando no frio do inverno a gente tocava em metal com a mão na luva de lã, levava um choque de verdade. Doía, mas era interessante.

Outra coisa que eu gostava de fazer era *me* meter medo. Pois é, eu gostava de sentir um pouco de medo. Não medo de assalto ou violência verdadeira, como acontece no mundo agora, mas sim o medo do faz de conta, medo de fantasma, de ogro, de vampiro e outras bruxarias. E como de propósito, no nosso quarto, a minha cama ficava de frente para um quadrado negro e gradeado, pequeno, no canto superior da parede, junto ao teto — era algum respiradouro, claraboia, sei lá. O que sei é que aquele buraco gradeado me servia às mil maravilhas para imaginar que, no escuro da noite, de lá sairia uma espécie de fumaça, que se transformaria num gênio mau, como aquele da história das *Mil e uma noites*. Ou num feiticeiro, ou num *domovói*, espírito doméstico do fabulário russo, ou numa Baba-Yagá, a bruxa eslava que viaja pelos ares num grande pilão ou alguidar. Ou talvez surgisse dali até uma fada boa — quem sabe? O fato é que, deitada na minha cama, eu me pregava tanto susto que acabava cobrindo a cabeça com os lençóis, para me esconder da minha própria imaginação e poder dormir...

MAS HAVIA TAMBÉM EMOÇÕES e sustos de verdade na minha vidinha pacata de criança protegida. Um, do qual não mais me esqueci, apesar de não ter na época mais de quatro anos de idade, foi quando aconteceu um incêndio, ou princípio de incêndio, no nosso prédio. Não cheguei a ver fogo. Foi, como eu soube mais tarde, na cobertura do edifício, um andar acima do nosso apartamento:

20

a água que os bombeiros despejaram sobre o fogo em grande quantidade acabou se infiltrando pelo forro, e eu me lembro nitidamente da "chuva" que escorria pelas paredes e até pingava do teto, no meio da sala. E ficou-me a impressão muito forte de grandes botas altas passando na minha frente, bem na altura dos meus olhos — tão pequena eu era: botas apressadas, marchando de um lado para outro, pisando pesado. E nem sei de quem eram aquelas botas assustadoras — deviam ser dos bombeiros mesmo.

Passado o susto do incêndio, continuou o nosso alegre inverno no apartamento, as manhãs com mamãe e suas canções, as noites com papai e suas histórias, e as tardes com a nossa querida *Fräulein*, que nos levava a passear, falava alemão conosco — com nossos pais falávamos russo — e nos ensinava todas aquelas artes e artesanatos que tanto nos divertiam. E que tanto me ajudariam, mais tarde, quando chegamos ao Brasil, imigrantes, estranhos em terra estranha, sem entender a língua, sem saber nada, sem conhecer ninguém.

A NOSSA VIDA ERA PONTILHADA pelas mudanças das estações do ano — inverno, primavera, verão, outono — tão marcantes e dramáticas no norte da Europa. E pelas festinhas de aniversário, quando a gente envergava roupinhas "de marinheiro" e recebia um bando de primos e amiguinhos. E pelas grandes reuniões familiares, alegres e carinhosas, encontros de várias gerações, aquecidos pela presença de uma vovó doce e meiga, que por sinal foi a primeira mulher que eu vi fumando. Só que eram cigarros medicinais: vovó sofria de asma, e aqueles cigarros — mais as pastilhas Valda — aliviavam as suas crises. Já vovô era um homem imponente, alto, de barba majestosa, olhar arguto, jeitão autoritário de patriarca: todos o respeitavam muito, tinham até um pouco de medo dele. Menos nós dois, eu e meu irmão, filhos do caçula de vovô: papai era o seu décimo quinto filho, e "O Velho" "se derretia" conosco. Ele tinha uma bengala grossa, de castão de prata, representando uma cabeça de leão, e usava essa bengala como barra fixa, segura entre as suas mãos fortes, para o meu maninho se pendurar e fazer exercícios — coisa de que eu tinha uma ponta de inveja, já que pendurar-se na bengala de vovô "não era coisa de menina"...

As recordações que guardo de meus avós — vovô, pai de papai, e vovó, mãe de mamãe; os outros dois não cheguei a conhecer, faleceram antes do meu nascimento — são as lembranças mais carinhosas da minha infância em Riga. Foi deles que senti mais falta nos nossos primeiros anos do meu "transplante" para o Brasil. Falta da ternura benevolente em que nos envolviam, a nós, crianças, falta do seu amor incondicional, sem cobranças de qualquer espécie. E nisso eles eram iguais, apesar das diferenças marcantes entre as suas personalidades: vovô, enérgico, forte, seguro de si; e vovó, suave, gentil, um tanto tímida. Mas no seu abraço, no colo de qualquer um dos dois, eu me sentia quentinha, tranquila, protegida de tudo — às vezes até das (raras) cobranças dos próprios papai e mamãe...

E no videoteipe da minha memória permanecem gravados, como quadros vivos, alguns momentos recorrentes da nossa vida com vovô e vovó. Recorrentes e como que "encantados": vovó cobrindo o rosto com as mãos, lenço de seda na cabeça, pronunciando comovida a bênção das velas do *Shabat*, ao anoitecer da sexta-feira. Vovô "presidindo" a compridíssima mesa do *Seder*, a ceia da páscoa judaica, na qual ele relatava, para a grande família reunida, com sua voz grave e modulada, a história emocionante da libertação do povo hebreu, da escravidão dos faraós no Egito... E outros momentos, solenes uns, outros alegres e buliçosos, mas todos importantes, significativos e inesquecíveis.

Inesquecíveis, como eles próprios, vovó e vovô, que deixamos lá atrás, em Riga, sem saber que não os veríamos mais, nunca mais...

UMA DAS NOSSAS DISTRAÇÕES preferidas, no inverno, era ficar olhando pelas janelas — sempre fechadas, trancadas e mesmo calafetadas com tiras de papel grudadas nas frestas para não deixar entrar qualquer friagem, com só uma pequena claraboia no alto, aberta por uma hora para ventilar o ambiente. A preferida era a janela da sala de jantar, que dava direto para o Rio Dáugava, que banha a cidade de Riga, e que então ainda se chamava, em russo, Dviná.

Ah, aquelas janelas! Que mundo fascinante se descortinava aos nossos olhos infantis, por trás das vidraças que o "Vovô Inverno" decorava com lindas ramagens de cristais de gelo! Do nosso quarto andar, era o mundo da natureza e o mundo dos homens que podíamos admirar, cada qual mais interessante.

Riga era — e ainda é — uma cidade de tamanho médio, muito bonita, antiga, com muitos parques, alamedas e jardins públicos, cheios de árvores, arbustos e plantas de todas as espécies, muito bem tratados, respeitados e conservados tanto pelas autoridades municipais como pela própria população. E, entre o rio que se via muito bem da nossa janela e a rua toda arborizada, a natureza daquela região de clima frígido nos oferecia espetáculos incríveis. A gente assistia "de camarote" às dramáticas mudanças das estações do ano, por exemplo. Então, para nós, crianças, a primeira neve que caía no inverno, pintando de branco puríssimo e fofo as ruas, os telhados, as árvores nuas, toda a paisagem; ou a primeira andorinha, que "não faz verão" mas anuncia a vinda da primavera, que chegava da sua longa viagem ao sul da Europa; a primeira folha amarela que caía, flutuando ao vento de outono; o primeiro broto verde que despontava no galho da árvore à chegada da primavera — todos esses sinais de mudança eram para nós uma festa.

E o rio, então! Da nossa janela, via-se o rio na sua parte mais larga, sua foz, quase onde ele deságua no Golfo de Riga, por onde saíam os grandes navios cargueiros, levando para os quatro cantos do mundo o cobiçado pinho-de-riga e as deliciosas conservas do Báltico. A madeira, por sinal, descia o rio também em forma de "jangadas" compostas de grandes toras, manobradas por homens de longos chuços nas mãos — bonito de se ver!

Da janela víamos também as três pontes que cruzavam o rio naquela altura: a ponte de ferro, por onde passava o trem; a ponte de pontões, para trânsito de veículos e pessoas; e uma ponte "provisória", construída pelo exército alemão durante a Primeira Guerra Mundial, a de 1914, quando as tropas do *kaiser* passaram pela Letônia. A ponte de pontões era a mais interessante, porque se abria no meio para a passagem dos navios de chaminés e mastros altos, que não passavam embaixo dela. Às vezes, a ponte se abria bem na frente das pessoas, e as chaminés e os mastros desfilavam majestosamente bem diante da gente. Era impressionante!

Nossa casa, o prédio onde morávamos, ficava na "outra" margem do rio, o centro da cidade era "do lado de lá", de modo que o trânsito era intenso diante da nossa janela. Além do movimento das pontes, pelas quais passavam transeuntes e coches, carroças e carruagens puxadas por cavalos, e os (poucos) automóveis, o rio era também cruzado por paquetes, pequenas embarcações coletivas a vapor, de dois pavimentos, que transportavam passageiros de uma margem para a outra. Cheguei a atravessar o rio muitas vezes nesses paquetes, e gostava também de observá-los da minha janela.

Mas no inverno a vista mudava muito. O rio ficava gelado, congelado mesmo, coberto por uma camada de gelo profunda e compacta. Então todo aquele trânsito mudava de aspecto. Quase ninguém usava as pontes, só o trem de ferro continuava trovejando na dele. Os outros atravessavam o rio a pé, de patins e trenós de todos os feitios e tamanhos. Inclusive os coches, que continuavam puxados pelos seus cavalos, mas que agora também eram trenós, a deslizar silenciosamente pela superfície lisa e dura. Só se ouvia o pocotó-pocotó das ferraduras no gelo sonoro e o tilintar dos guizos que eles costumavam levar. Era alegre e estimulante de se ver e ouvir.

Os paquetes, naturalmente, tiravam férias nessa época do ano. E os navios também não passavam seus mastros e chaminés diante da gente. Em compensação, havia sempre uns valentões que faziam um buraco no gelo, uma espécie de poço, onde mergulhavam para mostrar a sua macheza — e onde outros pescavam de caniço e anzol...

Mas o espetáculo mais forte que o rio oferecia era, na chegada da primavera, o degelo. A temperatura ambiente aumentava, o gelo começava a derreter, o rio inchava, a água subia e, de repente, aquele "calçamento" duríssimo começava a rachar. Rompia-se em fendas, com estrondos que pareciam estampidos de alguma arma terrível — e a crosta de gelo, ainda profunda e dura, partia-se em grandes blocos irregulares que começavam a descer, atropelando-se na correnteza impetuosa do rio, rumo ao mar, com força total. E às vezes isso acontecia tão subitamente que arrastava o que encontrasse pelo caminho e até pegava de surpresa alguma criatura desprevenida que atravessava o rio naquele momento. Certa vez, vimos da nossa janela uma vaca sobre um bloco de gelo flutuante, mugindo apavorada e desamparada, levada inexoravelmente rumo ao mar. Que dó me deu daquela pobre vaquinha condenada a uma viagem fatal que não estava nos seus planos...

No último degelo a que assisti em Riga aconteceu uma coisa insólita: esse degelo foi tão forte, a correnteza da enchente foi tão violenta, que os enormes blocos de gelo soltos, na sua fúria indomável, simplesmente estouraram e arrancaram a ponte provisória, arrastando-a aos pedaços para o mar, diante dos nossos olhos atônitos e dos nossos ouvidos atordoados pelo estrépito daquela exuberância primaveril da natureza. Foi a nossa dramática despedida da primavera de Riga...

No INVERNO, A GENTE só tomava banho de corpo inteiro uma vez por semana, antes de dormir. Era toda uma superprodução, esse ritual semanal: portas e claraboias fechadas, nada de correntes de ar, que o medo de um resfriado, uma gripe, ou, Deus nos livre, uma pneumonia, era grande. Naquele tempo, sem antibióticos, uma pneumonia era doença gravíssima, muitas vezes mortal, e mesmo a lembrança da "gripe espanhola", que depois da guerra de 1914-1918 matara dezenas de milhares de pessoas, ainda estava fresca. Por isso, o banho de imersão na grande banheira era cercado de mil cuidados e precauções.

Tomávamos esse banho juntos, meu irmão e eu. A gente até que gostava de chapinhar na água mais para quente que tépida: era mais uma das boas brincadeiras de inverno. E a rigorosa esfregação com a volumosa esponja natural era muito agradável. Nós só não gostávamos da hora de lavar a cabeça: eu, porque o meu cabelo basto e crespo "oferecia resistência" às mãos enérgicas da mamãe; e o maninho, porque tinha um medo pânico do cheiro pungente da "dose" de amoníaco que mamãe punha na água do xampu — não sei com que misteriosas intenções.

Uma vez devidamente ensaboados, esfregados e enxaguados, éramos rapidamente enrolados em enormes toalhas felpudas, que nos envolviam dos pés à cabeça, com cara e tudo — como se faz com os bebês. E, depois de valentemente enxugados até ficarmos com a pele toda vermelha, éramos carregados, ainda embrulhados daquele jeito, para o quarto e para a cama, direto e sem escalas. E só então, já na cama, éramos desembrulhados, metidos rapidamente em longos camisolões de flanela e enfiados debaixo dos cobertores acolchoados, à espera das histórias de papai.

NA PRIMAVERA E NO OUTONO, nossos passeios pela rua e no parque mais próximo — chamava-se Arcádia e era lindo! — eram mais prolongados. A *Fräulein* nos levava a pé até o rio, andávamos pela ponte de pontões, víamos os mastros e as chaminés dos navios passando na nossa frente, observávamos do parapeito os paquetes a bufar de lá pra cá, de cá pra lá. Ou íamos perambular pelas proximidades.

Atrás do nosso prédio havia uma ruela estreita, de casas e edifícios de poucos andares, que nos pareciam muito velhos, porque tinham todas as vidraças quebradas, portas cambaias, paredes furadas, um aspecto de coisa pronta para ruir. Por isso, batizamos aquela rua — em alemão — de *Pustenicht-Strasse*, ou "Rua-do-Não-Sopre", porque, se a gente soprasse, ela ia desabar. E sabíamos que ela se encontrava naquele estado por causa de um tiroteio durante a guerra; as janelas quebradas e as portas e paredes furadas eram resultado das balas de fuzis dos soldados. Tanto isso era verdade, que volta e meia a gente encontrava cápsulas de balas deflagradas, em cantos e frestas, e até no chão. Só que éramos proibidos de pegá-las, especialmente depois que uma criança vizinha apanhou uma delas, que por desgraça não estava deflagrada, e explodiu na mão da menina, arrancando-lhe dois dedos. Mas a gente gostava de passear na Rua-do-Não-Sopre, porque dava para imaginar toda sorte de coisas emocionantes que se passaram ali, dez, doze anos atrás, quando ainda nem havíamos nascido.

A propósito, demos aquele apelido à ruela em alemão porque "passeávamos em alemão" com a nossa governanta, e isso não era nada de especial. Em Riga, naquela época, falava-se normalmente — pelo menos na nossa classe "burguesa" — três idiomas: russo, alemão e "até" letoniano, a língua da terra, a do "povão". Mesmo as placas com os nomes das ruas eram nessas três línguas. A própria rua onde morávamos, bem próxima do porto fluvial, chamava-se sintomaticamente "Rua dos Navios", ou *Kudju Iela*, em letão; *Schiffstrasse*, em alemão; e *Karábelnaia*, em russo. E nós, crianças, não estranhávamos isso: falar três ou quatro idiomas era coisa comum em nosso meio, não representava nenhum esforço ou "sapiência" especial. E hoje posso dizer que isso me foi de imensa utilidade e ajuda na vida em geral — sem falar na vantagem e no prazer de poder ler os meus amados livros no original, em vários idiomas, entrando em contato com outros mundos, conhecendo outras terras, aprendendo a entender e a aceitar, numa boa, outros povos, outros usos e costumes. E "viajando" mais depressa que qualquer foguete atômico: com a rapidez do pensamento. (Aliás, ainda hoje, eu não trocaria uma viagem numa vassoura de bruxa ou num pilão de Baba-Yagá por nenhum veículo espacial do mundo...)

No PARQUE ARCÁDIA é que se apreciavam melhor as mudanças das estações. Na sua rica e frondosa vegetação — e nós conhecíamos os nomes de todas as árvores e arbustos —, o "Senhor Outono" e a "Senhora Primavera" se esbaldavam. Não sei o que era mais lindo, se as tenras folhinhas verde-claras que surgiam de repente na entrada da primavera, nos galhos e ramos das árvores desnudados pelo inverno, ou se a rica paleta de cores, do amarelo-claro ao vermelho-vivo, com que o outono pintava as folhagens, antes de derrubá-las dançando ao vento, e transformá-las em tapetes coloridos pelo chão.

O outono era também a época em que os passarinhos migrantes — principalmente as andorinhas — partiam em bandos, em rigorosa formação, para o distante Sul, a Itália e outros países de clima quente. E o vento geladinho, prenunciando o frio "de verdade", era até agradável. O chão, mesmo na calçada, ficava escorregadio, chovia bastante, poças de água barrenta se formavam por toda parte e demoravam dias para secar, obrigando-nos a calçar luzidias galochas pretas por cima dos sapatos, para evitar os temíveis resfriados...

Mas uma das grandes alegrias do outono eram as frutas: era a época da sua maturação, e elas eram muitas. Maçãs de várias qualidades, tamanhos, cores, sabores e nomes diversos; ameixas pretas e amarelas, cerejas e groselhas rajadas como bolinhas de gude, peras e outras delícias. Sem esquecer certos deleites raros e luxuosos, que só podíamos saborear em ocasiões especiais: frutas tropicais importadas, que papai trazia de vez em quando da cidade, uma de cada vez, caríssimas que eram. E que meu irmão e eu repartíamos meticulosa e ciumentamente, para nenhum dos dois ficar em desvantagem. Uma banana, por exemplo, era cortada em duas metades, no sentido longitudinal, para que nenhuma das duas ficasse maior que a outra. (Eu nunca vi mais que uma banana de cada vez, pensava que elas cresciam assim, de uma em uma, penduradinhas em árvores altas e esguias.) Já uma laranja era descascada por papai com uma técnica elaborada, que incluía um canivete para riscar a casca no sentido dos "meridianos", e uma colher, cujo cabo servia para destacar delicadamente as tiras de casca sem machucar a polpa, "sem tirar sangue", como eu dizia — talvez porque eram laranjas de polpa bem vermelha. Então papai repartia a laranja por gomos, que nos dava de um em um, e nós os trincávamos e comíamos com todo o respeito. Abacaxi, que nós conhecíamos pelo nome de ananás, só o víamos em forma de rodelas saídas de latas importadas. Já as mexericas — que nós chamávamos de mandarinas — eram fáceis de descascar, claro, mas eram também repartidas de gomo em gomo, como as laranjas, e consumidas com a mesma pompa e circunstância.

NÓS AMÁVAMOS E SAUDÁVAMOS todas as estações, cada uma tinha o seu próprio encanto, não podíamos escolher, ter preferências, entre a alvura faiscante do inverno, o verde e as flores da primavera, as cores douradas, as frutas, e mesmo as chuvas do outono, e as delícias do verão, que eram para nós muito especiais.

No verão, época das grandes férias, íamos passar dois meses completos na praia — junho e julho inteiros, entrando um pouco em agosto. Os balneários do Báltico, especialmente os do Golfo de Riga, muito conhecidos no norte da Europa, eram procurados por veranistas de muitos países, que iam descansar e se deleitar nas suas praias lindas e cheirosas.

Naquelas praias, a areia branco-amarelada, brilhante e fofa, à medida que recua do mar, vai se encontrando e subindo e se confundindo com uma longa fileira de dunas. Essas dunas acompanham a linha da praia e se cobrem de vegetação e flores silvestres na outra encosta, a qual por sua vez se imbrica e se confunde, do outro lado, com quilômetros e quilômetros de bosques de pinho-de-riga. O belo pinheiral acompanha a beira-mar inteira, numa larga faixa verde-escura, perfumando o ar com a fragrância acre de mato e resina dos seus pinheiros altos e majestosos, de tronco nu. E, lá em cima, os galhos balouçavam as suas grandes "patas" pesadas, descaídas, cobertas de longas agulhas escuras, com suas pinhas miúdas, parecendo pequeninos abacaxis marrons, que nós, crianças, apanhávamos no chão atapetado de agulhas secas que rangiam macias debaixo dos nossos pés.

O PINHEIRAL ERA UM BRINCADOURO maravilhoso, a gente podia correr entre os troncos retos, brincar de esconde-esconde, deitar no musgo aveludado, colher bagas, frutinhas silvestres, cogumelos comestíveis, saltar regatos de água límpida, caçar sapinhos, catar as pinhas caídas, tirar cristalinas e pegajosas gotas de resina amarela das cascas das árvores — a resina que, fossilizada, se transformava no famoso âmbar do Báltico, que o mar atirava à praia, entre conchas e caramujos.

Naquele lugar privilegiado, junto ao mar, à praia, às dunas e aos pinheirais, localizavam-se, formando uma espécie de aldeia, as *dátchas* — bangalôs construídos no meio da vegetação, sem cercas, que eram ocupados pelos veranistas, durante as férias. Eram pequenas casas de campo, construções leves, de madeira, sem muito conforto: o mínimo de móveis, água de poço bombeada a mão, do lado de fora, toaletes primitivos, fogão de lenha. Tudo muito simples, mas como nós adorávamos aquelas casinhas! Que dias deliciosos passávamos ali, em meio à natureza amável e hospitaleira, respirando o ar puro da praia, o perfume balsâmico do pinho e da maresia, livres das roupas pesadas e dos longos meses entre quatro paredes, lá na cidade!

As praias — eram várias, os balneários tinham nomes diversos — não ficavam muito distantes da capital, cerca de uma hora de trem, se tanto. E no começo do verão mamãe se mudava "de mala e cuia" para uma *dátcha* da praia, de onde não arredava pé até o fim das férias. Papai permanecia na cidade, trabalhando, mas vinha passar o sábado e o domingo conosco, o que era sempre uma festa por muitos motivos, sendo que um deles — e talvez não fosse o menor — era que ele nos comprava sorvete: um luxo de verão.

Durante a semana, nós íamos para a praia com mamãe e a governanta, de manhã cedo, às oito horas. Mas no fim de semana, com papai, íamos mais tarde, às dez — no horário misto. Sim, porque aquelas praias, nos meses estivais, tinham horários estabelecidos para o público, por estranho que pareça: das seis às oito da manhã, só homens; das oito às dez, só mulheres e crianças (meninos até doze anos); das dez horas em diante, todo mundo junto. E por que isso? Simplesmente porque, nos horários reservados, podia-se tomar banho de sol e de mar "à vontade" — ou seja, sem roupa nenhuma, nu em pelo. Já no horário misto, era obrigatório o maiô — por sinal discretíssimo.

Detalhe engraçado: no horário reservado para senhoras e crianças, era proibido aos homens subirem ao alto das dunas, para não lançar olhares indiscretos sobre aquela vista paradisíaca. Mas, para impedi-los de cometerem tão grave infração, a praia era policiada por destacamentos de guardas-civis fardados, postados... no alto das dunas, o melhor lugar para espiar a praia...

As manhãs na praia eram deliciosas, mas as tardes não eram menos divertidas, com os passeios no pinheiral ou as brincadeiras nos amplos terrenos cobertos de grama, árvores e arbustos, que cercavam as *dátchas*. No nosso jardim, por exemplo, tínhamos um balanço duplo pendurado no galho forte de uma grande árvore, e esse balanço se prestava a toda sorte de faz de conta: ora era "aeroplano" de guerra, ora uma piroga de índio, ora um navio-pirata, ora — por que não? — o tal pilão voador da Baba-Yagá, a terrível bruxa russa que eu gostava de representar.

E, como as crianças de todos os lugares e de todos os tempos, brincávamos de papai e mamãe, de médico e doente, de mocinho e bandido, de pirata e princesa raptada (que era sempre eu, sempre eu, que raiva!), de índio e caubói, de professora e aluno e de mil coisas mais — até de enterro!

Mas não se impressionem, não havia nada de mórbido nessa última brincadeira. Era mais uma coisa "estética". Acontece que o único contato que tivemos até então com a morte se resumia aos cortejos fúnebres que de vez em quando víamos passar pela rua, do mirante que era a janela no nosso apartamento da cidade. E não podíamos deixar de achá-los muito bonitos e impressionantes. As grandes carretas negras eram puxadas por várias parelhas de cavalos, cobertos de mantos com pingentes e franjas negras, quase tocando o chão, e penachos negros na cabeça. E na boleia sentava-se imponente o cocheiro de capa preta e chapéu alto, e os cavalos andavam devagar, em passo "de parada", cadenciado e solene. E atrás da carreta coberta de flores seguiam a pé, vagarosamente, em filas duplas, uma porção de senhores de preto e cartolas na cabeça, e senhoras de preto, com chapéus envoltos em grandes véus negros. De longe, da janela do quarto andar, não víamos dor nem tristeza: víamos só um desfile majestoso, uma espécie de espetáculo que achávamos muito bonito. Então, entre as nossas brincadeiras e jogos dramáticos de verão, figurava aquele "auto do enterro": um grande boneco de pano, o Piétka, do tamanho do meu irmão (então com uns seis anos de idade), era pronunciado morto pelo "médico" e, logo em seguida, transportado num carrinho de mão para um lugar reservado num cantinho de terra fofa e "sepultado" com todas as honras de estilo, sem choro nem vela. Às vezes nós o deixávamos jazer em paz durante algumas horas, ou mesmo uma noite inteira. Mas depois ele era desenterrado e "ressuscitado" para participar de novas brincadeiras.

Muitas vezes era eu — a mais velha, com oito, nove, dez anos — quem inventava os temas dos nossos jogos dramáticos, a partir das histórias que papai contava ou que eu lia nos meus livros. Só que os melhores papéis sempre cabiam aos meninos! Meu irmão, meu primo, alguns vizinhos... Eram sempre eles os heróis, os piratas, os bandidos, médicos, mocinhos — ó mundo machista! Enquanto isso eu tinha que representar princesas raptadas, donzelas em perigo e outras bobocas tremebundas, resgatadas no último instante por algum dos heróis de plantão.

Certa vez, eu devia ser queimada numa fogueira, não me lembro se por bruxaria ou para ser devorada por índios canibais. Lá estava eu, amarrada ao tronco da árvore, fingindo grande aflição, enquanto os "selvagens" dançavam, muito excitados, e tão entusiasmados ficaram que tocaram fogo de verdade nos gravetos em volta dos meus pés. E daí aconteceu que eu fui salva de fato — só que não por algum herói fictício, mas por minha mãe, que da cozinha sentiu o cheiro de queimado e acorreu a tempo de evitar um mal maior. Aquela brincadeira teve fim na mesma hora, sendo que a bronca que se seguiu, essa não foi brincadeira...

Por essas e outras eu, que de modo geral até gostava de ser menina, tinha uma ponta de ciúme, quase diria inveja, dos meninos. Especialmente quando — para me espicaçar mesmo — eles brincavam de "cruza de xixi", dirigindo para o alto e cruzando no ar aqueles lindos jatos amarelos, que resplandeciam ao sol como âmbar transparente. Mas a minha vingança era brincar de ficar grávida, com a boneca Lídia escondida debaixo da roupa, e então era eu que levava vantagem diante dos meninos, que não podiam "ter nenê" nem de brincadeira...

Os meses de verão à beira do Golfo de Riga passavam rápidos, os dias já ficavam mais curtos, o ar mais fresco. As cerejas amadureciam no pomar, eu as colhia no pé e as pendurava nas orelhas, como brincos, antes de comê-las. A água do mar já não era mais tépida, era até bem fria, e só uns poucos valentes se atreviam a enfrentar os "banhos de agosto". Era tempo de nos despedirmos da vida ao ar livre, da praia, do sol, do mar, das dunas e dos pinheirais. Tempo de voltar para a cidade.

NA CIDADE, DE VEZ EM QUANDO nossos pais nos levavam para o Centro, do outro lado do rio, onde moravam nossos avós, primos e tios, e onde ficavam os teatros, cinemas e outros divertimentos, dos quais faziam parte os passeios pelos muitos parques e jardins, praças, alamedas e avenidas arborizadas da bonita cidade de Riga. Uma parte da cidade era muito antiga, pois Riga é uma cidade medieval, com prédios conservados, alguns de quinhentos, seiscentos anos de idade. Como certo edifício — que infelizmente foi destruído durante a Segunda Guerra — que se chamava Casa das Cabeças Negras, e onde ficava, se não me engano, a prefeitura municipal. Havia também igrejas de estilo gótico, com arcos ogivais e torres com "agulhas" pontiagudas. E um famoso relógio com grandes figuras que se moviam, e que nos fascinava muito. A parte moderna da cidade, com edifícios relativamente novos, também era baixa: os prédios tinham quatro, cinco andares, boa parte sem elevadores — subir e descer escadas fazia parte do cotidiano das pessoas. "Arranha-céus" não existiam, essa era mesmo uma palavra exótica, associada à "América", que era, naturalmente, os Estados Unidos. E, entre os passeios preferidos, o favorito era o de barco a remo no outro rio de Riga — o de nome mais curto do mundo, acho: chamava-se "A", era pouco mais que um canal. Papai alugava um barquinho, que ele remava, enquanto mamãe ficava no leme e nós, crianças, éramos os deslumbrados passageiros.

ENTRE OS ESPETÁCULOS, o mais importante para nós, crianças, era — o que mais seria? — o circo, que se apresentava num prédio permanente, não era de lona. Foi no circo que, numa das temporadas, vivi uma experiência inesquecível.

Eu teria então uns seis anos de idade e estava sentadinha, lá pelo meio da arquibancada, ao lado do meu irmãozinho, entre papai e mamãe, de olhos arregalados para os mágicos, os trapezistas, as bailarinas equestres, os acrobatas, os equilibristas e malabaristas, os cães amestrados, os elefantes dançarinos, os domadores de fera e, claro, os palhaços — todas aquelas maravilhas. Até que chegou a vez dos pôneis, lindos e roliços cavalinhos, pouco maiores que cachorros grandes, todos enfeitados, ajaezados de penachos e guizos, executando toda sorte de passos de dança e truques, para o encantamento dos espectadores, boquiabertos como eu mesma.

Mas eis que de repente a música para e o *clown* branco, o Tôni, cintilante de lantejoulas, que comandava os cavalinhos, olha para o público e proclama: "Agora eu vou escolher uma criança entre os assistentes para montar no pônei e dar três voltas pelo picadeiro!" E ele passeia os olhos pelas arquibancadas, em meio ao *suspense* geral. Uma volta, outra volta e, de repente, o Tôni branco e cintilante estende o braço: "A criança escolhida é..." — e ele aponta o dedo, firme, para mim! Sem erro! A felizarda era eu! Olhei em volta, ainda sem acreditar em tamanha sorte, o coração aos pulos. Mas o *clown* branco já vinha subindo, já vinha me buscar e me levar pela mão, diante dos olhares desejosos — ou seriam invejosos? — de todas as crianças presentes, lá para baixo, para o picadeiro.

E lá, ele mesmo me ergueu nos braços e me colocou na sela do pônei branquinho de crina esvoaçante. "Não tenha medo, menininha", ele me disse — sem necessidade, porque medo era a última coisa que eu poderia sentir naquele momento. Pois se aquilo era um sonho feito realidade, era a glória! A banda atacou uma música — para mim a mais linda do mundo — e o cavalinho partiu, num trotezinho cadenciado, conduzido pela rédea na mão do *clown*. E eu na sela, como se fosse num trono, não cabendo em mim de júbilo e orgulho, dei as três vitoriosas voltas pelo picadeiro, tal qual uma princesa, diante de toda aquela multidão que aplaudia. Que *me* aplaudia — pensava eu. Nunca mais esqueci a emoção maravilhosa daquele momento sem par da minha infância... E até hoje eu amo o circo e a gente de circo.

MAS NEM TODAS AS EMOÇÕES de que me lembro muito foram tão boas e gostosas. Algumas foram até bem ruins, e muito mais assustadoras do que as bruxas e vampiros que "escapavam" da claraboia escura no teto do meu quarto. Como, por exemplo, o que aconteceu com a nossa cadelinha "Héchka", uma pincher miniatura, bem mais velha do que eu, e que mancava de uma perninha traseira, quebrada numa briga com um gato, ainda antes de eu nascer. Foi quando a bichinha foi atacada, diante dos meus olhos, pelo cão policial de um vizinho da nossa *dátcha*. O canzarrão poderia ter matado a pobre Héchka com uma abocanhada, ou mesmo uma patada mais forte, se não fosse o meu grito de terror e a intervenção providencial de mamãe, que conseguiu enxotar o inimigo. Mas aquela cena curta e violenta, os rosnados terrificantes do agressor e os ganidos desesperados da minúscula cadelinha, que caberia inteira na bocarra do monstro, me deixaram tão apavorada que passei noites e noites sem poder dormir. E ainda anos mais tarde, quando eu queria me dar um susto "daqueles", era só eu dizer baixinho, ou mesmo só pensar — "o cachorrão da Héchka!" — para meu coração disparar e eu reviver, numa espécie de "curtição perversa", a tremedeira que me deu naquele dia.

ACONTECIMENTO IMPORTANTE na minha vida pré-Brasil foi uma visita que fizemos, durante três meses, à grande cidade de Leningrado, atual São Petersburgo, onde eu nasci e de onde meus pais voltaram comigo para Riga. Tínhamos muitos parentes lá e ficamos hospedados em casa de uma tia, onde acabei passando meu nono aniversário natalício.

Essa visita me impressionou muito, pela imponente beleza da antiga capital, São Petersburgo, construída pelo Imperador Pedro, o Grande. Toda planificada por arquitetos europeus, na maioria italianos e franceses, ostentava largas avenidas, praças e monumentos majestosos, belos palácios, ricas igrejas, esfinges patrulhando as pontes da avenida marginal do Rio Nievá, que banha a cidade, tudo espaçoso, elegante e bem cuidado. Lá tive ocasião de assistir a alguns bonitos espetáculos — um balé e duas operetas — que curti muito. Mas o que me marcou mais foi a visita ao Museu do Ermitage, o maior do mundo, instalado num palácio imenso, e tão rico que diz a lenda que, se alguém fosse parar um minuto diante de cada quadro, escultura ou objeto lá exposto, poderia entrar no prédio criança de colo e sair velho de oitenta anos... Exageros à parte, o fato é que o museu é riquíssimo mesmo e, claro, eu só pude ver uma parte ínfima dele, mesmo passando quase a correr por alguns dos seus imensos salões. Mesmo assim, vi várias coleções de obras-primas de alguns dos maiores pintores e escultores do mundo, e foram visões que não esqueci mais, e que fizeram nascer em mim o interesse e a vontade de conhecer e amar as obras de arte, pelo resto da vida.

A PRIMEIRA ESCOLA é sempre muito importante para toda e qualquer criança, e eu não fui exceção: o primeiro e único ano em que frequentei a escola de Riga, antes de viajar para o Brasil, foi uma experiência marcante na minha vida. Comecei relativamente tarde — aos oito anos e meio, quando entrei para o segundo ano primário, já bastante adiantada nos meus conhecimentos gerais. É que eu aprendera a ler com pouco mais de quatro anos — e lia muito — e a escrever, com papai, talvez um ano depois. Por sinal, com a mão esquerda, canhota que eu era, e ainda por cima de trás para diante, "em espelho". Aí papai me disse, numa boa, sem forçar nada: "Você não quer tentar fazer isto com a outra mão também?" Eu tentei, e foi fácil. Aprendi a escrever com a mão direita, mas até hoje posso escrever também com a esquerda, com a mesma letra e a mesma desenvoltura — só que ainda "em espelho". De resto fiquei ambidestra — faço qualquer coisa com qualquer uma das mãos, o que tem lá as suas vantagens, de vez em quando.

Assim, quando me levaram para fazer o teste de entrada na escola, eu já lia e escrevia fluentemente em russo e alemão, e fui logo admitida no segundo "adiantado", da Décima Quarta Escola Básica Alemã para Meninas. E na qual eu me senti mal-à-vontade desde o primeiro dia.

A própria viagem até a escola já me deixava indisposta porque, pobre de mim, eu ficava enjoada no bonde. Mas o pior não era isso. O pior era que a tal escola era daquelas antigas, tradicionais, muito germânicas, "para senhoritas de boa família" — e não combinava nem um pouco com a alegre descontração da minha casa. A disciplina era rígida, o comportamento tinha de ser impecável — haja vista que a nota mínima exigida para a matéria Comportamento só podia ser... a máxima: 5. Um simples sinal de *minus* (5–) era suficiente para causar problemas graves à "culpada". E o próprio aspecto das professoras e da diretora era suficiente para me intimidar. Todas elas tinham a aparência de "solteironas" clássicas de peça teatral: magras, empertigadas, de coque no alto da cabeça, gola alta, mangas compridas, camafeu no pescoço e saia até os tornozelos. Isso em pleno ano de 1929, quando os penteados das mulheres eram curtinhos, *à la garçonne*, e as saias, pouco mais longas que as mínis de agora, bem acima dos joelhos.

A professora da minha classe era uma *Fräulein* "von" qualquer coisa: todas elas eram *Fräulein* — senhoritas — e tinham um "von" diante do sobrenome, significando que pertenciam a algum tipo de nobreza alemã empobrecida. A minha *Fräulein* "von" era muito brava e exigente. Eu fiquei logo com um certo medo dela, o que não melhorou nada com um incidente desagradável, quando eu, com os meus oito aninhos, fui por ela advertida em plena aula e em tom severíssimo, porque estava "olhando para as minhas pernas nuas e joelhos pelados..." Quase caí do banco, de susto e vergonha, não da minha roupa "indecorosa" (saia logo acima do joelho, meia esporte logo abaixo), mas por ser chamada à ordem, sem culpa alguma, daquele jeito agressivo, na frente da classe inteira. Não, eu não consegui gostar daquela escola e não podia imaginar que num futuro não muito distante me aguardava outra escola, também alemã, e pior ainda — pelo menos para mim e para o meu irmãozinho. Mal sabia eu que não estava longe o dia em que deixaríamos a nossa cidade e ficaríamos separados de toda a nossa grande e querida família, vovô e vovó, tios e tias, primos e amigos, por muitos e muitos anos, e de alguns... para sempre...

MAS ANTES DE FALAR nisso quero contar mais uma experiência da minha vida pré-Brasil. Um acontecimento que marcou, aos dez anos de idade, a primeira grande desilusão da minha vida de criança. Foi uma desilusão mesmo, uma decepção que me fez perder — de certo modo para sempre — a confiança implícita e incondicional que eu tinha no "gênero humano". Ou melhor dizendo, a minha fé na palavra dos adultos, até mesmo — um pouco — na dos meus próprios pais.

Naquele verão nasceu-nos mais um irmãozinho, temporão, quase dez anos mais novo que eu, o que foi muito bom e me permitiu bancar a babá, cuidar dele, dar-lhe a mamadeira, ajudar a mamãe a banhá-lo, todas essas gostosuras. Mas por azar, no outono do mesmo ano de 1928, todos os três pegamos um forte resfriado, e pronto: o caçulinha ficou com otite e nós dois maiores contraímos uma amigdalite brava. Consultado, o médico da família decretou que o jeito era operar, extrair as tais das amígdalas infectadas, e mais as adenoides que nos impediam de respirar direito. Daí, fomos sumariamente informados — meu irmão de sete anos e eu — de que seríamos levados para o hospital, onde passaríamos a noite, para sermos operados na manhã seguinte — o que nos deixou, é claro, bastante apreensivos, para não dizer apavorados.

Mas o doutor nos tranquilizou, dizendo que não ia doer nada, porque a operação seria feita com anestesia, e explicou que isso era um remédio que seria pulverizado na garganta e não deixaria doer. E como papai e mamãe confirmaram as suas palavras, e ainda por cima eles nos prometeram que depois da operação poderíamos tomar sorvete — coisa inaudita, em pleno outono! — porque sorvete era até bom para a garganta operada, deixamo-nos convencer. E assim consolados, concordamos até mesmo, após uma ou duas tentativas frustradas de protesto, em ficar sozinhos — isto é, sem papai e mamãe — na enfermaria do hospital, junto com algumas outras crianças. Isto sob a promessa solene de que no dia seguinte os nossos pais voltariam cedo e assistiriam à operação.

Na manhã seguinte, logo cedo, fomos levados para o centro cirúrgico. Papai e mamãe ainda não haviam chegado. Meu coração batia forte, mas eu estava calma, fiada nas promessas da véspera, e cônscia da minha responsabilidade de "não dar parte de fraca" diante do irmão menor, para não assustá-lo, enquanto esperávamos na antessala pela chegada de papai e mamãe — que afinal não vieram mesmo, para nossa enorme frustração.

Talvez por ser a mais velha, fui a primeira a ser levada para a sala de operações. Dei um adeuzinho encorajador ao meu irmão e lá fui eu, pela mão da enfermeira, para o "local do sacrifício". O doutor já estava lá, todo pronto, de máscara e tudo. Vestiram-me uma bata branca e mandaram que me sentasse numa cadeira, branca também, dizendo que iam me prender os braços, para o doutor poder trabalhar sossegado. Me enchi de coragem e disse, com toda a dignidade: "Não é preciso, eu não vou me mexer". Falei com tanta convicção que eles acreditaram: "Está bem, só que você vai ficar no colo da enfermeira". Com isso eu concordei, e a enfermeira sentou-se na cadeira, comigo no colo, me abraçando por trás e segurando-me firme.

O médico mandou que eu abrisse a boca, e eu obedeci, certa de que ia receber a tal anestesia. Mas o que vi foi o doutor pegar um instrumento esquisito, espécie de colher com um buraco no meio. Estranhei isso e perguntei: "E a anestesia?" Ao que o doutor respondeu, com o que me pareceu o maior cinismo: "Não é preciso. A anestesia só atrapalha, faz engasgar e perder tempo. É muito melhor sem ela, mais rápido e menos complicado. Não vai doer nada. Abra a boca!"

Que é que eu podia fazer? Papai e mamãe não tinham vindo, eu estava sozinha à mercê daqueles dois, não tinha a quem apelar. Pensei em gritar, mas desisti: meu irmãozinho atrás da porta ia ficar apavorado, coitadinho. Resignada, abri a boca.

Para encurtar a história, a operação — a extração das duas amígdalas, que pareciam almôndegas de tão grandes, e das duas adenoides, que pareciam tripinhas ou minhocas — não deve ter durado mais de dez ou quinze minutos, mas a mim me pareceram outras tantas horas de medo, tensão e dor. Porque aquilo doeu sim, e muito. E sangrou bastante, especialmente o nariz. Eu era corajosa, talvez orgulhosa ou teimosa — o fato é que não chorei nem gritei, nem me debati. Mas fiquei profundamente revoltada e indignada, apesar de me ver livre daquelas coisas feias e sangrentas que o doutor arrancou do meu nariz e garganta, e que me exibiu todo triunfante — aargggh!

E, quando, finalmente, pude sair da cirurgia e passei pela sala de espera, meu irmão me olhou com uma carinha assustada e perguntou: "Doeu, doeu?" E eu, sem poder falar, respondi com um gesto de "assim-assim", como quem diz "dá pra aguentar" — o que, afinal de contas, não era mentira. Porque eu não queria mentir para ele, enganá-lo como eu tinha sido enganada, com a história da anestesia, da presença dos pais e tudo. Nunca mais eu ia poder acreditar na palavra dos adultos, pensei comigo. Um pensamento que ainda foi mais reforçado quando soubemos que nem o prometido sorvete nos seria dado — não sei por quê. Ficamos de mal com o mundo inteiro, meu irmão e eu, inclusive com papai e mamãe, que nos haviam "abandonado" no hospital, só aparecendo mais tarde, depois de tudo terminado, e nos enganado, dizendo que não ia doer. Eles não deviam ter mentido para nós, deviam ter-nos dito que seria sem anestesia, que iria doer mas que dava para aguentar, e que eles não estariam presentes à operação. Foi o que eu pensei então, e penso também agora. Depois disso, não acreditei nem quando me disseram que a vacina antivariólica (que tivemos de tomar antes de viajar para o Brasil) não iria doer. E só permiti que me vacinassem por último, depois de papai, mamãe e de meu irmão, quando vi que ele, pequeno e bastante chorão, não chorou com a vacinação.

Ⅴ IAJAR PARA O BRASIL! Foi o que nos disseram papai e mamãe, naquele dia: nós íamos viajar para o Brasil, um país que ficava na América, muito longe, do outro lado do oceano. E que nós íamos navegar até lá num navio transatlântico — que coisa romântica e empolgante!

A minha ideia do Novo Mundo não incluía a América do Sul: para mim, graças aos meus livros, América significava, por um lado, índios apaches e, por outro, os tais arranha-céus, espécie de casas nunca vistas, tão altas que chegavam até as nuvens, mais altas que qualquer torre de igreja que eu conhecia — e que eram as construções mais altas de Riga. E do Brasil eu não sabia nada, ou quase nada. Na verdade, na minha cabeça, só duas coisas incluíam esse nome: um selo postal da coleção de papai, com a estampa de sacas de café e os nomes Santos e Brasil. E a letra de uma musiquinha em voga, que os adultos cantarolavam, e que dizia: "… e quando chegar o cruzador brasileiro, o capitão vos contará sobre as gueixas, a cínica (!) dança africana e o famoso holandês voador…" Coisa sem pé nem cabeça, puro *nonsense*, que só serviu para me confundir ainda mais.

De qualquer maneira, fiquei muito excitada com a perspectiva dessa viagem, sobre a qual troquei ideias, muito atrapalhadas, por sinal, com o meu irmão, que entendia de tais coisas ainda menos que eu. As razões dessa aventura eram para nós, crianças, muito nebulosas, a gente só percebia vagamente que havia no ar certa tristeza, apesar da "fachada" otimista ostentada por papai e mamãe. Só anos mais tarde eu iria compreender que os motivos da nossa emigração eram tanto políticos como econômicos, e que papai perdera tudo o que tinha — o que explica por que chegamos ao Brasil sem nada, praticamente com a roupa do corpo. A única coisa que sabíamos, o mano e eu, era que seria uma viagem demorada, que papai iria na frente, antes, e nós seguiríamos alguns meses depois. E que não se sabia quanto tempo ficaríamos naquele misterioso Brasil, mas que passariam alguns anos antes de a gente poder voltar.

O que não podíamos imaginar é que acabaríamos ficando no Brasil para sempre — para nossa grande sorte e mesmo salvação.

PAPAI DE FATO PARTIU antes de nós — para "apalpar o terreno" — e, finalmente, três meses depois, chegou também a hora da nossa partida. Foi nos primeiros dias de outubro de 1929. Eu tinha dez anos e pouco, meu irmão do meio tinha sete, e o caçulinha, um ano e três meses. E partimos, mamãe e as três crianças, com um único "malão" tipo arca contendo os nossos pertences todos, que eram bem poucos, e que foi despachado; e duas malas de mão, com as nossas coisas para a viagem, que devia durar cerca de três semanas.

Saímos de Riga de trem noturno, até Berlim, de onde iríamos para Hamburgo, e de lá, desse velho porto alemão, embarcaríamos rumo ao Brasil.

As despedidas na estação ferroviária de Riga foram emocionadas e emocionantes. De repente a gente se deu conta de que estávamos deixando para trás toda a nossa grande família, boa parte da qual se apinhava na plataforma: vovô e vovó, tios e tias, primos e primas, adultos e crianças — toda uma multidão de pessoas próximas e queridas, que sempre fizeram parte integrante da nossa vida — e das quais de repente íamos ficar separados e distantes, não sabíamos por quanto tempo.

Houve abraços, beijos e lágrimas. E lembro-me bem que o meu primo favorito, um ano mais velho que eu, me disse chorando: "Prometa que você vai me esperar, não se case, eu vou buscar você!" Ele tinha então doze anos — e eu nunca mais o veria. Como não veria mais vovó e vovô, e a maioria dos meus tios e primos: poucos deles conseguiram salvar-se da morte nas mãos criminosas dos assassinos nazistas que ocuparam Riga nos anos tenebrosos da Segunda Guerra Mundial. Mas naquele dia ninguém podia sequer imaginar esse pesadelo — embora um dos motivos da nossa emigração, como eu entenderia bem mais tarde, fosse as negras nuvens políticas que já se aproximavam ameaçadoras da Europa e do mundo.

NO DIA SEGUINTE, chegamos a Berlim, imponente capital da Alemanha, com suas ruas movimentadas e grandes avenidas arborizadas, tão maior que Riga! Lá ficamos alguns dias, para a mamãe poder comprar um conjunto novo de instrumentos da sua profissão — esqueci de contar que mamãe era cirurgiã-dentista. Ela saía do hotel, para as suas compras, levando nós três, os dois maiores pela mão, o menorzinho no colo. E foi assim que nós, crianças, nada menos que maravilhadas, "viajamos" pela primeira vez numa escada rolante, numa grande loja de departamentos — uma aventura! Essa é a maior lembrança que me ficou de Berlim.

De lá, fomos de trem até o porto de Hamburgo, um dos mais antigos e importantes da Europa, e esse foi o verdadeiro começo da nossa grande viagem.

Em Hamburgo, ficamos uma semana inteira à espera da saída do nosso navio, o transatlântico alemão *General Mitre*, relativamente pequeno, mas que nos parecia imenso. E nesse meio tempo ficamos alojados numa hospedaria de emigrantes, cujo nome nunca mais esqueci: Ueberseeheim Hapag. A primeira palavra quer dizer "abrigo transmarítimo". E a segunda era uma sigla, cujo significado não sei direito até hoje. Mas o nome da nossa companhia de navegação era incrivelmente comprido, e este eu não esqueci: Hamburgsuedamerikanische Dampfschiffahrtsgesellschaft. "Hamburgo-americana-do-sul Companhia-de-viagens-a-vapor". Eu achava esse nome o máximo, parecia um trava-língua!

Aquela semana que passamos em Hamburgo não foi das mais agradáveis, e deve ter sido especialmente difícil para mamãe, mal-acomodada — éramos passageiros da terceira classe — às voltas com três crianças e todos os problemas imagináveis. Entre outros, houve um incidente do qual todo mundo riu, menos nós: numa das muitas filas que tivemos de enfrentar, para documentos e outras coisas, mamãe deu ao meu irmão, de sete anos, para segurar, um grande vidro com uma espécie de xarope de limão que a vovó fez questão que a mamãe levasse, "contra enjoo marítimo". E não é que o meu maninho, distraído, a certa altura segurou aquele frasco com muita firmeza — só que... de cabeça para baixo. E toda aquela limonada pegajosa escorreu pela sua roupa, pelas pernas, meias e sapatos adentro... Um autêntico desastre, com todo o "choro e ranger de dentes" de direito, em meio às cruéis gargalhadas dos circunstantes!

A única lembrança boa da estada em Hamburgo foi a visita que fizemos ao Jardim Zoológico Hagenbeck, um dos maiores e mais famosos do mundo. Vimos toda sorte de bichos, bichinhos e bicharocos, de pelo e de pena e de carapaça, de todas as partes do mundo, muitos dos quais só conhecíamos de gravuras e fotografias. Meu irmãozinho menor viu os passarinhos e imitou-os, gritando piu-piu para eles. Só que pouco depois, vendo um enorme elefante chamado "Jumbo", o pequerrucho fez piu-piu também para ele, para grande hilaridade de nós, os "grandes".

Até que por fim chegou a hora de embarcarmos no *General Mitre* — uma sensação absolutamente indescritível para quem, em matéria de navegação, só andara de barquinho, remado por papai, no Riozinho A, de Riga, e no vaporete que fazia a travessia do Rio Dviná, ida e volta. Nós nos sentíamos como, imagino, o casal de formigas na Arca de Noé, no mínimo. E a longa viagem marítima, a travessia do Oceano Atlântico, prometia ser uma grande aventura. O que, de certa forma, ela foi mesmo, pelo menos para nós, crianças.

O GENERAL MITRE tinha três classes: a primeira, dos passageiros ricos, que viajavam a passeio, toda bonita, com piscina, salão de festas, essas coisas; a segunda, tipo "turista", ainda boa e relativamente confortável; e a terceira, bem simples, para dizer o mínimo, que era a nossa, preponderantemente de emigrantes, gente sem recursos, que ia tentar a sorte, começar vida nova, em terras distantes e desconhecidas.

A maioria das pessoas da terceira classe era gente do povo, camponeses, trabalhadores braçais, operários, gente pobre, fugindo da miséria e da falta de perspectivas da própria pátria, na esperança de melhorar de vida, ganhar e economizar algum dinheiro, para depois voltar ao país de origem, ou então mandar buscar a família, quem sabe. Ninguém era como nós, gente de classe média, de nível universitário, como a mamãe, por exemplo. Vimo-nos de repente no meio de pessoas bem diferentes de nós, no aspecto, na roupa, nos modos de falar e se conduzir, e só isso já era um começo de aventura. Felizmente a mamãe, como membro da *intelligentsia*, era uma grande democrata, e já tivera muito contato com o "povão", quando, ainda antes da Revolução Russa, recebia e tratava no seu consultório dentário muitos operários de uma grande indústria de São Petersburgo. Daí, ela sabia relacionar-se muito bem com as pessoas daquela classe social, as quais, por sua vez, à sua própria maneira rude e direta, foram muito cordiais para conosco. Na verdade, a única queixa que nós, crianças, tínhamos daquela boa gente é que, no refeitório, onde comíamos todos juntos numa única mesa muito comprida, os garçons (ou *stewards*) punham as travessas com a sobremesa, quase sempre frutas, no centro da mesa, antes de servir a refeição. E os mais afoitos dos passageiros da terceira classe, nossos companheiros, avançavam na sobremesa antes e não depois da refeição ser servida. Então, o que acontecia é que meus irmãos e eu acabávamos quase sempre ficando sem essa sobremesa — porque avançar nela antes da hora estava fora de cogitação, coisa totalmente "ilegal" dentro do nosso código de boas maneiras... Uma tristeza!

Logo no primeiro dia, foi-nos designada uma cabina, naquele pavimento inferior da terceira classe. Era um cubículo do tamanho de uma cabina de trem noturno, com uma estreita cama-beliche onde mal cabia uma pessoa, e o espaço que dava apenas para passar "de lado". Uma das malas ficou embaixo do leito inferior, a outra no chão, atravancando ainda mais o pouco espaço que havia. O toalete coletivo ficava do lado de fora, e a cabina era quente e abafada — o que não me impedia de achar linda a pequena claraboia redonda, que era a nossa única janela, da qual se podia ver o mar e o céu.

Para dormir, a gente tinha de se acomodar de dois em dois naquele beliche: mamãe e o irmãozinho menor, no leito inferior; eu e o irmão do meio, no leito superior. Do qual, aliás, o mano despencou logo na primeira noite, ao primeiro balanço mais forte do navio, dando-nos o maior susto — especialmente porque ele nem sequer acordou com o tombo, e mamãe e eu pensamos que ele tivesse desmaiado. Em vista disso, na segunda noite, só eu subi para o beliche de cima, e a mamãe se apertou com os dois meninos no de baixo. Já se vê que o conforto deixava muito a desejar, e não dava para ficar muito tempo dentro daquela "cela" abafada. Por isso, mamãe subia para o nosso convés e lá ficava conosco o dia inteiro.

Foi a nossa sorte, porque no segundo dia, por acaso, o capitão do navio passou por aquele convés e nos viu ali, todo aquele grupo: a jovem senhora loira, baixinha, sozinha com as três crianças — a menina de dez anos, o menino de sete, e o pequerrucho de um ano e pouco, loirinho de olhos azul-miosótis, barrigudinho, mal e mal se equilibrando nas perninhas gorduchas que aprendera a usar para caminhar como um patinho havia apenas dois meses. O capitão olhou para nós e logo percebeu que aquela não era uma família de operários ou camponeses. Então, aproximou-se, curioso — e ficou sabendo, da conversa em alemão com mamãe, quem nós éramos, para onde íamos, e coisa e tal. Ao saber como estávamos mal-acomodados, ele achou que uma viagem de três semanas naquelas condições não seria boa para essa mamãe com seus três filhotes — em especial para o "Pequeno Colombo", como ele imediatamente batizou o caçulinha. E naquele mesmo dia ele nos transferiu para uma cabina especial, que estava vaga, e que, comparada com o nosso cubículo, era um apartamento de luxo: ampla, com dois beliches e uma cama, toalete particular, armário, e mesmo uma mesinha e uma cadeira. Tínhamos espaço até demais, com um dos beliches superiores sobrando, desocupado — nem que estivéssemos na segunda classe, ou quem sabe até na primeira!

O que nós não sabíamos ainda é que existia naquele vapor até uma espécie de quarta classe, que não era classe coisa nenhuma, e sim o porão do navio. Só que ali acomodava-se — ou melhor dizendo, desacomodava-se — um grande grupo de trabalhadores negros, contratados e levados de não sei onde para algum lugar da América do Sul. Tomamos conhecimento disso lá pelo meio da viagem, em alto-mar, num episódio emocionante, assustador e finalmente apenas cômico.

    Foi o seguinte: uma manhã, estávamos no convés, nós quatro, mamãe lendo, nós três brincando por perto, eu, como de costume, tomando conta dos meus irmãos. Só que naquele dia eu fui uma babá relapsa: fiquei tão entretida na brincadeira — nem me lembro qual era — que não percebi que o Pequeno Colombo saiu perambulando e se afastou. E, quando me dei conta, olhei em volta — ele tinha sumido! Assustada, saí à procura dele, nas proximidades — e não o vi. Comecei a chamá-lo em voz alta, mamãe percebeu que algo não estava certo, e quando viu do que se tratava — barbaridade! Nem gosto de me lembrar do susto, do medo, da angústia daquela procura, que demorou seguramente meia hora, a meia hora mais longa e aflita de toda a minha infância.

    Outras pessoas juntaram-se a nós na procura da criança desaparecida, marinheiros acorreram para nos ajudar, falava-se em menino caído ao mar, mamãe chorava desesperada — um horror! Até que alguém se lembrou de procurar no porão do navio. Descemos todos, tremendo de medo, andamos um pouco — e eis que de repente deparamos com um quadro insólito: sobre uma mesa, cercado por rostos negros e sorridentes, lá estava o nosso irmãozinho, branquinho e dourado, com seu cabelinho cor de palha de milho, seus olhinhos redondos cor-do-céu, no meio daquele negrume todo, feliz e risonho, cantarolando e rebolando a barriguinha gorda sobre as perninhas roliças. Mamãe precipitou-se para ele, agarrou-o e arrancou-o de lá, como se aqueles bons crioulos estivessem ali para no mínimo comê-lo vivo... E foi esse o fim daquele episódio. Que para mim ainda teve o encanto especial, com sabor de aventura, de eu me ver de repente diante de uma porção de homens negros "de verdade", ao vivo, e não figuras de livros...

Foram muitos os dias que passamos naquele navio. Dias de calmaria e dias de tempestade, de plácido deslizar pela água verde, a quilha abrindo sulcos espumantes na frente do navio, e de balanço violento, quando muita gente enjoava e perdia o apetite, refugiando-se nos beliches das cabinas. Menos eu — eu, que em terra firme não podia andar de bonde, porque enjoava com o sacolejar do vagão nos trilhos —; no mar não senti enjoo nem por um momento, acho que de tanto que eu gostava daquilo tudo...

E havia as paisagens, as inesquecíveis paisagens — se é que se pode chamá-las assim — em alto-mar. Sem qualquer sinal de terra, o nosso navio tão grande parecia tão pequeno, sozinho no meio das águas, no centro de um imenso círculo de horizonte, confinando com a cúpula abobadada de um céu, cheio de estrelas à noite, ou coberto de nuvens, ou todo de puríssimo azul, de dia. E como era lindo quando, do convés, a gente via o sol nascer, surgindo das águas qual bola de fogo, detrás da linha do horizonte, no oriente; e o via se pôr, no ocidente, como outra bola de fogo, quando só faltava ouvir o "chiado" quando ele mergulhava no mar, diante dos nossos olhos deslumbrados de espanto e maravilha.

Às vezes o nosso *General Mitre* cruzava em alto-mar com outro navio, de bandeira diferente hasteada no mastro, e as duas grandes embarcações trocavam sinais, "conversando" a distância, e isso também era fascinante.

Um belo dia, o *General Mitre* fez uma escala: ancorou na Ilha da Madeira, para carga e descarga. Muitos passageiros desceram e foram passear em terra, mas nós ficamos a bordo, era muito complicado para mamãe descer com as três crianças. Então ficamos apreciando o movimento, da amurada. Acontecia toda sorte de coisas interessantes, mas o que nos impressionou mais foram uns meninos, criolinhos ou morenos de tanto sol, crianças do meu tamanho, que mergulhavam no mar para apanhar, lá no fundo da água transparente, as moedas que os passageiros jogavam para eles. Ficamos maravilhados com a coragem e a habilidade daqueles garotos, ao mesmo tempo sentindo vagamente que era uma maldade dos turistas se divertirem assim à custa deles... Mas que talvez fosse pior se não deixassem essas crianças ganharem um dinheirinho daquela maneira.

Acontecimento marcante foi também a passagem do Equador: é uma tradição antiga dos cruzeiros marítimos comemorar a passagem do navio pela linha imaginária do Equador, que "divide" o globo terrestre em duas metades, de través, como uma laranja. Com a qual, aliás, a terra costuma ser comparada na escola primária: "redonda e achatada nos polos, como uma laranja". Era uma emoção a mais, para mim, embora, para meu desgosto, não desse para ver, enxergar, a tal linha. Aquela comemoração foi um evento memorável para nós, crianças. Era como uma festa carnavalesca, todo mundo fantasiado, música buliçosa, serpentinas, confetes, brincadeiras, danças agitadas, champanha a rodo, coisas que nós só conhecíamos de ouvir falar, ou de alguma gravura de revista. Foi o primeiro cheiro de carnaval que tivemos ocasião de sentir na nossa vida. Nem podíamos imaginar os carnavais verdadeiros que nos esperavam naquele misterioso Brasil, do qual nos aproximávamos, devagar e sempre, com a longa viagem já chegando ao término.

Por fim, vinte e um dias depois de alçarmos âncora em Hamburgo, chegamos! Chegamos ao Rio de Janeiro. O *General Mitre* entrou na Baía de Guanabara ao anoitecer e ficou fora da barra à espera da licença de ancorar até a manhã do dia seguinte. Todo mundo correu para as amuradas, e ficamos olhando de longe aquela vista incomparável: a linha harmoniosamente curva da praia de Copacabana, toda faiscante no seu "colar de pérolas", como era chamada, carinhosamente, a iluminação da Avenida Atlântica. Era uma fieira de luminárias, postes de ferro estilosos, de três braços, como elegantes castiçais, sustentando grandes esferas luminosas e formando realmente um verdadeiro colar de três voltas, acompanhando a curva perfeita da praia. E atrás do "colar de pérolas" erguiam-se as silhuetas dos morros cariocas — Copacabana ainda não tinha prédios altos para esconder as montanhas, só havia casas, palacetes e jardins, e aquele bonito calçamento de mosaico português, imitando as ondas do mar que, esse sim, existe ainda hoje.

    O nosso primeiro contato com a paisagem brasileira foi o Rio de Janeiro, e não podia ter sido mais encantador. No dia seguinte, tivemos uma visão mais completa da paisagem carioca, aquele mar incrivelmente verde, aquela baía cercada de montanhas de formas caprichosas, o morro da Urca, com o Pão de Açúcar e seu bondinho teleférico balançando no ar, e o imponente rochedo do Corcovado, ainda sem a estátua do Cristo Redentor que hoje saúda os que chegam, de braços abertos. Mas a nossa sensação era de sermos recebidos de braços abertos pela própria natureza hospitaleira e calorosamente tropical.

    Finalmente, o nosso navio atracou no cais do porto, na Praça Mauá. Ardendo de impaciência, procurávamos com os olhos o nosso papai, no meio da multidão, um mar de ternos brancos e chapéus de palha, achatados e duros, que se acotovelava lá embaixo no cais. Até que conseguimos distingui-lo, também de terno branco e "palheta" na cabeça, com um pequeno livro na mão: um dicionário alemão-português e português-alemão, que guardo até hoje. Papai também nos procurava com os olhos, aflito e impaciente como nós mesmos. Começamos a gritar e a agitar mãos e lenços, até que ele nos viu e respondeu, rindo e acenando também. Não víamos a hora de descer e cair nos braços dele — mas isso ainda demorou um pouco, até que por fim papai é que pôde subir a bordo, para nos ajudar a desembarcar.

QUE EMOÇÃO! O próprio capitão veio para conhecer papai, conversou com ele, e lhe disse que ele tinha uma linda família, e comentou, para nosso grande orgulho, que crianças ótimas e bem-educadas que nós éramos, e como o Pequeno Colombo tinha encantado a todo mundo.

Só que a nossa viagem ainda não terminara inteiramente: o desembarque definitivo seria no porto do nosso destino final, que era Santos. O navio ia ficar alguns dias no Rio de Janeiro, e só depois iríamos para São Paulo, onde papai estava morando provisoriamente numa pensão na Rua Jaguaribe. A Rua Jaguaribe que foi tão importante nos nossos primeiros anos de imigrantes no Brasil.

Assim, tivemos de ficar cerca de uma semana no Rio de Janeiro, onde papai, por sinal, tinha de resolver alguns assuntos com o Departamento de Imigração — se é que era assim que se chamava aquela repartição — e pôr em ordem toda sorte de documentos, licenças, papéis, essas burocracias, para ter um visto de permanência indefinida no Brasil, com a família.

Durante essa semana que tivemos de passar no Rio, à espera de o *General Mitre* zarpar a caminho de Santos, ficamos hospedados numa pensão no bonito bairro de Laranjeiras, na cidade do Rio de Janeiro. Havia muitos outros imigrantes naquela pensão, gente de classe média como nós, famílias vindas da Rússia, dos países bálticos e de outras regiões da Europa, cada qual com uma história para contar. Só que essas histórias não nos interessavam: havia tantas novidades, tantas impressões, tanta coisa nunca vista, para nós, crianças!

Mas antes preciso contar o que me causou o primeiro grande impacto assim que descemos do navio. Foi no próprio cais do porto, aquele lugar cheio de armazéns, de gruas e guindastes, navios atracados, pilhas de caixotes, sacas de café, gente, balbúrdia e nem sei o que mais. No entanto, o que me impressionou mesmo, quase me assustou, ninguém pode imaginar. Foi um... não riam! Um cacho de bananas! Isso mesmo: um grande cacho de bananas, mais alto que eu, parado muito tranquilo lá no cais, como que zombando do meu espanto ao ver aquela fartura, aquele despropósito de bananas! Eu, que só tinha visto uma banana de cada vez, uma ou duas vezes por ano, e que a repartia cuidadosamente com o meu irmão, e que imaginava que aquela fruta maravilhosa crescia em altas e esguias palmeiras tropicais, uma em cada galho, no máximo!... O que eu nunca podia imaginar é que essa preciosidade viesse naqueles cachos enormes, com vários "pavimentos" de pencas douradas, naquela quantidade inacreditável! Parecia coisa da própria Schlaraffenland, ou Cocagne, uma terra lendária dos meus livros, onde ninguém trabalhava, todos viviam refestelados e reclinados, na maior preguiça e *dol-*

ce far niente, e as iguarias, os assados, os bolos, as frutas mais saborosas vinham voando sozinhos e se metiam de *motu proprio* na boca dos felizardos moradores daquela terra, que só tinham o trabalho de mastigar e engolir todas aquelas delícias... Aquele cacho de bananas foi para mim o símbolo de... "Um país tropical, abençoado por Deus e bonito por natureza..." Até hoje, a banana — de qualquer tipo — é uma das minhas frutas prediletas. E quando, muito mais tarde, eu soube que o nome científico da banana é *Musa paradisiaca* achei este nome muito justo e bem dado: tratava-se de fato de um fruto do paraíso.

A Pensão Laranjeiras — era assim que ela se chamava — ficava encostada num morro alto, que se erguia no fundo do seu comprido quintal. E lá travei conhecimento pela primeira vez com outra fruta, para mim pra lá de exótica, da qual nunca sequer ouvira falar antes: a carambola, doce-azedinha, amarelo-translúcida, que formava estrelinhas quando a gente a cortava "atravessado". Mais tarde, viriam outras frutas nunca vistas e estranhíssimas, como por exemplo a jabuticaba, que deveria, na minha opinião, crescer penduradinha em arbustos baixos, ou então junto ao chão, como os morangos, meus velhos conhecidos — e que no entanto crescia absurdamente grudada no tronco e nos galhos grossos de árvores enormes... E a goiaba, o mamão, a manga, o caqui — este último até me pregou um susto, porque o primeiro que mordi estava verde e adstringente, e me contraiu o interior da boca numa *cica* tal, que levei anos até me atrever a provar outro...

AQUELA SEMANA no Rio de Janeiro foi ótima, porque papai e mamãe não perderam tempo e nos levaram a passear e a fazer turismo na cidade. O que foi grandemente facilitado por um primo do papai, que já estava no Brasil, vivendo no Rio, havia alguns anos, e possuía até um automóvel, uma "baratinha" de segunda mão, com a qual nos levou a muitos lugares interessantes. Visitamos a praia de Copacabana, tão bonita, que nos impressionou pela sua areia branca e fina como açúcar, diferente da de Riga, de cor amarelada e bem mais graúda. Tomamos o bondinho "pendurado" e subimos até o Pão de Açúcar, uma grande emoção. E de trenzinho de cremalheira subimos no Corcovado, com a sua vista de tirar o fôlego. E fomos ao bosque da Tijuca, com a sua famosa Cascatinha. E passamos pelas praias, ainda quase desertas, de Ipanema e Leblon, e fomos até o Joá, de onde se podia apreciar as grandes ondas furiosas batendo espumejantes nas pedras, ao longo do caminho. E passeamos pelas ruas e avenidas da cidade, e ficamos maravilhados com as palmeiras imperiais da Rua Paissandu, e com o esplendor tropical do Jardim Botânico, com a incrível vitória-régia e outras plantas nunca vistas. Foi uma semana toda deliciosa — menos a nossa primeira noite na pensão, que foi ligeiramente "dramática"!

ACONTECE QUE papai e mamãe tiveram de sair por algumas horas, à noite, e nos deixaram sozinhos no quarto, eu, como de costume, tomando conta dos meus irmãos. O que parecia fácil, especialmente porque, quando eles saíram, os dois meninos já estavam dormindo, o maior numa das camas junto comigo, e o menor no berço, tudo na santa paz. Só que, uma hora depois que eles saíram, o caçulinha acordou chorando. Fui ver o que havia — e era que o pequerrucho, decerto por causa da excitação daquele dia movimentado, fez xixi no berço, e não fez pouco: o berço ficou encharcado e eu tive de tirá-lo de lá. Troquei-lhe a fralda e coloquei-o junto conosco, na nossa cama. Ficou meio apertado, mas enfim, tudo bem, ele adormeceu logo.

Mas essa paz não durou muito, e logo logo ele fez xixi de novo, molhando o lençol debaixo de nós três. Que fazer? Peguei o maninho no colo, chamei o maior, e fomos os três para a cama grande, de papai e mamãe. Quando eles chegarem, vão dar um jeito em tudo, pensei. E, cansada, adormeci também, junto com os dois — só para ser novamente acordada, "nadando" no lençol novamente encharcado pelo inesgotável caçulinha...

Não havia outra cama para a gente ir, mas também não dava para ficar naquela molhadeira, e tivemos de descer, ficar no chão mesmo. Mas aí aconteceu mais um terrível imprevisto: nem bem pisamos no assoalho do quarto, quando surgiu, não sei de onde, um monstro assustador. Era uma barata, mas uma barata "tropical", enorme, de um tamanho nunca visto! As baratinhas europeias que eu conhecia eram pigmeus perto daquela, insetos meio nojentinhos, porém miúdos, pouco maiores que as unhas das minhas mãos. Mas aquela ali era do tamanho de uma ratazana, ou assim me pareceu, e acho que não ficaria mais apavorada se visse uma tarântula ou uma cobra na minha frente.

De um pulo, com o pequeno no colo e o maior atrás, voltei para a cama encharcada... Era muita desgraça junta! E, sentada sobre o lençol "xixizado", com os meus irmãozinhos dos lados, entreguei os pontos e comecei a chorar, assustando os dois, que abriram o bué por sua vez.

E foi assim que nossos pais nos encontraram pouco depois: os três sentados sobre o lençol empapado de xixi, chorando em desafinado uníssono. E o pior foi que papai e mamãe, em vez de ficarem horrorizados, penalizados e solidários, desataram a rir "às bandeiras despregadas", para minha grande raiva e humilhação. Os adultos às vezes não entendem nada, pensei comigo, magoada. Mas logo esqueci o "doloroso" episódio — ou não? Por que será que o contei agora?

𝒞HEGOU O DIA do desembarque final em Santos. Foi o tempo de desembarcar e despachar a bagagem, e no mesmo dia tomamos o trem para São Paulo. E isso resultou, logo de cara, em outra aventura, outra novidade: eu já havia andado de trem, em Riga, em Berlim e Hamburgo. Achava que sabia tudo sobre trens. Mas não! Nunca eu viajara num trem como aquele, que subia uma montanha íngreme, tão íngreme que vista de baixo parecia uma muralha, puxado por grossos cabos de aço, visíveis a olho nu. Era muito impressionante e até assustador, porque volta e meia o trem embarafustava por longos túneis escuros, varando morros, bufando e fumegando. E isso também era uma coisa inédita, a última etapa que precedeu a nossa chegada definitiva — mais definitiva do que jamais poderíamos imaginar — à cidade de São Paulo, estado de São Paulo, República dos Estados Unidos do Brasil, nos últimos dias de outubro do ano de 1929.

SEGUNDA PARTE

Brasil — São Paulo

Nossa viagem marítima terminou em Santos — um nome que eu conhecia por tê-lo visto num selo postal, na coleção de papai, lá em Riga. Em Santos, não houve tempo para turismo, porque, como disse papai, devíamos subir logo para São Paulo (ele dizia "San Paulo"). Por que "subir", perguntei, e papai explicou que São Paulo ficava no alto de uma montanha, muito, muito alta mesmo, a oitocentos metros acima do nível do mar, num "platô". E que a gente iria até lá de trem com locomotiva a carvão, mas puxado também por uma máquina fortíssima. Era outra aventura que nos aguardava — e foi impressionante mesmo aquela subida: o trem bufava e resfolegava, e a gente podendo seguir, com os olhos ardendo de fumaça e até de lasquinhas de carvão, os grossos cabos de aço e as rodas da cremalheira que ao mesmo tempo puxava e freava a composição, não a deixando rodar para trás, montanha abaixo.

Também nos impressionou a sucessão de túneis escuros que tínhamos de atravessar, e que deixavam imaginar toda sorte de fantasmagorias. E, naturalmente, a paisagem deslumbrante da Serra do Mar, com sua vegetação espessa, e a vista da baixada santista, ao longo de todo o percurso de quase duas horas, até a Estação da Luz, com várias paradas no meio.

Como é bonito o Brasil, pensei: primeiro aquele Rio de Janeiro maravilhoso, e agora este caminho tão pitoresco e belo. Eu só queria ver logo como era a cidade de São Paulo, onde íamos morar. Será que era parecida com Riga, ou então com Leningrado, hoje São Petersburgo, as duas grandes cidades que eu conhecia, ambas muito bonitas, cada uma à sua maneira?

Finalmente, chegamos à Estação da Luz. E a minha primeira impressão de São Paulo, ao sair da gare daquele imponente edifício de tijolos vermelhos — que felizmente continua ali até hoje — foi uma rua de construções que me pareceram muito esquisitas: de porta na própria calçada, baixinhas, térreas ou de um andar só e que, a julgar pelas aparências, eram predominantemente lojas. Até me recordo de uma placa que dizia Casa Tro-lo-ló — palavras que eu não entendia, mas que me soaram engraçadas, tanto mais porque eu as pronunciava com a letra C como "tsé", à maneira letoniana, de modo que casa ficava "tsaza"…

Do lado de fora da estação, junto à calçada, havia uma fila de coches de aluguel, como em Riga, com os cocheiros agitando seus chicotes para uns cavalinhos sonolentos, à espera de passageiros. Mas, para nossa alegria, papai resolveu tomar um táxi mesmo, um carrão enorme, de capota de lona, onde cabíamos todos, com malas e tralhas.

A CAMINHO DO NOSSO DESTINO final — a Rua Jaguaribe, nome que me soava até meio familiar, porque lembrava o jaguar —"iaguar" — que nós vimos no zoológico — tivemos de passar pelo centro da cidade. E foi aí que eu tive a primeira verdadeira visão de São Paulo, uma visão de impacto, que não esqueci mais. Guardo na memória, como um cartão postal grande e colorido, a Praça Ramos de Azevedo; o belo Anhangabaú, com seu parque, escadarias e esculturas; o imponente Teatro Municipal, com sua elaborada arquitetura; o bonito Viaduto do Chá, com sua estrutura e gradis de ferro, que me lembrava as pontes sobre o Rio Dviná, só que não havia água embaixo dele, que coisa estranha...

Mas o que mais me impressionou naquela praça foi o edifício da "Light", hoje Eletropaulo, que era o mesmo de agora, mas novo e bem-tratado. E, mais importante, dominando a praça inteira, esplendorosamente branco-fosforescente, iluminado por todos os lados por possantes holofotes dirigidos diretamente para as suas fachadas — talvez para justificar o nome

Light and Power, luz e força. E, para completar o deslumbramento, o prédio tinha, na cobertura, um enorme farol, cujo possante facho de luz varria todo o céu, de lado a lado, num vaivém lento e solene. Ficamos tão embasbacados com aquele espetáculo que papai até mandou o táxi parar, para que nós, crianças, pudéssemos apreciá-lo melhor.

Hoje, a Praça Ramos de Azevedo ainda é bonita, à sua maneira. Mas já não é a mesma. O jardim do Anhangabaú está maltratado, prédios altos rodeiam o Teatro Municipal, diminuindo-o; o viaduto de concreto é mais moderno, mas não mais tão romântico como era o antigo. E o edifício da Light, perdão, da Eletropaulo, não tem mais farol no telhado e nem é iluminado por holofotes. E a praça toda está sempre literalmente entupida de ônibus, carros, gente e poluição. Não sei qual seria a minha impressão, se eu fosse criança hoje e a visse pela primeira vez. Mas a impressão daquele primeiro dia, eu a guardo na memória, com muito carinho.

Guardo também a lembrança do outro lado do viaduto, que por sinal era o lado mais importante, o verdadeiro centro nevrálgico — comercial e bancário — da cidade. Era o chamado "Triângulo", formado pelas ruas Direita, São Bento e 15 de Novembro, entre as três grandes igrejas: a de São Francisco, com as arcadas da Faculdade de Direito ao lado; o Mosteiro de São Bento; e, naturalmente, a catedral da Praça da Sé, em plena construção. E que iria continuar em construção durante anos e anos ainda, sempre angariando fundos "para a construção das torres"...

A Praça do Patriarca também era baixa, rodeada de prédios de poucos andares, como aliás toda a cidade. O único edifício alto mesmo, o primeiro "arranha-céu", não só de São Paulo, mas de toda a América Latina, era o Martinelli, de espantosos vinte e dois andares, que ainda estava em final de construção — e que por sinal também ostentava um farol poderoso, com seu facho de luz varrendo o céu noturno. E no fundo da praça, encarando o viaduto, ficava o Mappin Stores antigo, uma das primeiras, e a mais importante, lojas de departamentos de São Paulo. (A outra era a Casa Alemã, na Rua Direita.) Alguns anos depois, o Mappin, como era chamado, se mudaria para um edifício próprio, muito maior e mais alto, na Praça Ramos de Azevedo: a Casa Anglo-Brasileira Mappin.

Mas o melhor da Praça do Patriarca eram mesmo os dois cavalarianos, imponentes nos seus altos corcéis, estacionados quais estátuas equestres bem diante do viaduto, a encará-lo, sem se mexerem de lá durante horas e horas, sentinelas hieráticas e estáticas não sei do quê, contendo suas montarias, que pateavam impacientes, agitando as caudas e de vez em quando soltando no chão suas bolas de estrume, para alegria dos passarinhos. Os dois guardas montados ostentavam braçadeiras de várias cores, que eu soube logo serem as cores das bandeiras dos seus países de origem, cujos idiomas eles falavam, de modo que estrangeiros e turistas em geral podiam entender-se com eles, para orientação e informações. Um costume cordial e civilizado que a nossa cidade perdeu...

Fiquei sabendo que esses e outros soldados "especiais" da Guarda Civil eram recrutados pela polícia por causa do seu porte e altura, porque ficavam imponentes e impunham respeito, tanto a pé como a cavalo. E porque falavam línguas estrangeiras: geralmente eram homens oriundos dos países bálticos, como os nossos conterrâneos letões, lituanos, suecos, e também alemães, russos, poloneses e outros. A maioria eram rapagões altos, fortes, claros e corados, que se diferenciavam nitidamente dos recrutas brasileiros daquela época.

A propósito, uma das minhas primeiras lembranças — acho que foi até em Santos — é de uma tropa de soldados marchando atrás de uma banda militar. Eles me causaram uma impressão de estranhamento: pareceram-me meio baixinhos, magros, e de coloração entre bege e marrom — eu não sabia nada da rica mistura étnica do povo brasileiro —, e o mais curioso era que eles andavam, ou assim me pareceu, não marchando, mas como que quase dançando... Muito diferentes dos "vikings" grandões, espadaúdos, loiros e bem-nutridos, pisando empertigados e duros, lá de Riga. O que eu também ainda não sabia era que o povo brasileiro, entre o qual era recrutada a tropa, já era subnutrido naquele tempo, razão da estatura baixa e da compleição franzina dos soldados. Já o andar dançante, aquele "jogo de cintura", era algo que estava "na massa do sangue" dos brasileiros — outra coisa que eu viria a saber bem mais tarde.

A RUA JAGUARIBE, no bairro de Santa Cecília, fica entre o Largo do Arouche e a Avenida Angélica. Não é muito comprida, não tem mais de cinco ou seis quadras, mas a nós, crianças, ela parecia enorme, apesar de todas as casas da rua serem baixas, de um, no máximo dois andares. Casas que nos pareciam estranhas, com as janelas dando diretamente para a calçada, algumas até com portas de entrada abrindo direto para a rua. Tanto assim que a primeira casa onde passamos as nossas semanas iniciais em São Paulo era uma dessas, com duas janelas sobre a calçada e a porta de entrada um pouco recuada, numa estreita passagem do lado não geminado da construção. Era uma pensão, cujos donos, um casal de imigrantes letonianos, sublocavam quartos com refeições para outros imigrantes: casais, homens sós, e nós, a única família.

Ficamos, os cinco, papai, mamãe e três crianças, amontoados no mesmo quarto, junto com a nossa bagagem, o cestão-arca servindo como uma das camas. O conforto não era muito maior do que o da nossa primeira cabina no *General Mitre* — mas nós três até que não nos incomodávamos com isso: a gente estava junto com papai e mamãe, e isso era gostoso. Durante o dia, papai saía à procura de trabalho e de casa para alugar, e mamãe ficava conosco. E — maravilha das maravilhas — havia bananas para a sobremesa, em todas as refeições: duas bananas inteirinhas para cada um de nós — um luxo!

O ruim — um verdadeiro drama — era o problema do banheiro. Era um só para a pensão inteira, aquele monte de gente fazendo fila na porta, de manhã, à mesma hora. Todos com pressa de sair para trabalhar ou procurar trabalho, e as crianças ficavam mesmo por último. Todas as manhãs, mamãe tinha de enfrentar uma batalha para que nos deixassem passar, fazer as necessidades, escovar os dentes — já sem falar em banho, sempre adiado. Todos os dias aquela agonia, aqueles apertos, aquelas lágrimas. Uma vez mamãe chegou a brigar feio, quase bateu num dos pensionistas, um senhor russo, aristocrata decadente, sem nada de cavalheiro, que não nos deixava, a mim e ao meu irmão, entrar no banheiro. Foi aí que nós vimos como a nossa mamãe, aquela "baixinha", podia ser brava e valente, uma verdadeira leoa de juba loira! O homem ouviu o que quis e o que não quis: o mínimo foi mamãe desafiá-lo com um "isto aqui não é a Rússia czarista, aqui o senhor não manda, viu!" num tom de voz — e voz não lhe faltava! — que o intimidou de verdade. Ele nos deixou entrar no banheiro, só que ficou batendo na porta o tempo todo, a gente mal conseguia fazer o que tinha de fazer, de aflição...

FELIZMENTE, a nossa temporada naquela pensão do nº 44 da Rua Jaguaribe — que não existe mais — foi curta. Menos de um mês depois, surgiu uma oportunidade extraordinária: na mesma Rua Jaguaribe, algumas quadras adiante, bem defronte da Santa Casa e da Rua Cesário Mota, vagou um sobradinho — que por sinal continua lá, impávido — bem pertinho do Largo do Arouche. Ele tinha uma espécie de garagem, embaixo, e a porta, na rua, se abria puxando um cordão no alto da escada que dava para a moradia. Era um apartamento de dois quartos, sala, cozinha e banheiro — pequenos, mas para nós, depois daquele quarto apinhado na pensão, aquilo era um luxo. E o melhor era que, naquela moradia, já instalado e funcionando, existia um gabinete dentário, modesto mas completo, que o dentista-proprietário queria passar adiante, baratinho. "Sopa no mel" para a mamãe, que podia começar a trabalhar imediatamente, herdando até boa parte da clientela do colega. Eram pessoas do bairro, das imediações, e principalmente gente da vizinha Santa Casa — enfermeiras e enfermeiros, atendentes, e mesmo alguns médicos e freiras. Naquele tempo, a burocracia era menos complicada do que agora, e mamãe, com o seu diploma universitário europeu, logo conseguiu, com auxílio de alguns amigos, uma permissão especial do "Serviço Sanitário" para exercer a profissão — como "prático licenciado". De modo que, em pouco mais de um mês de permanência em São Paulo, ela já começou a trabalhar, mesmo sem falar a língua, assim, "com a cara e a coragem".

E coragem ela tinha, e muita. Basta dizer que, para enfrentar as despesas dos primeiros tempos, ela sublocou um dos quartos, com refeições, a três rapazes, também imigrantes, e nós, a família, nos acomodamos como dava: os pais e os dois meninos, no quarto maior, eu, dormindo em cima da arca, num canto da sala, atrás de um tabique que separava a "sala de espera" do consultório.

Mamãe acordava cedinho, preparava o chá (não era café) da manhã para a turma toda, e entrava no seu gabinete dentário, ao redor das sete e meia. Ficava lá até a hora de nos dar o almoço — que ela mesma cozinhava — e voltava ao consultório, até a hora do jantar. E depois daquele dia puxado, ela ainda tinha ânimo para cantar, brincar e até receber visitas. Papai, que ainda não encontrara trabalho, ajudava-a no que podia, com a casa e as crianças. E também, bastante, com os clientes, com quem conseguia se comunicar sofrivelmente, pois tinha um autêntico talento para línguas. Era um poliglota nato, já falava quatro idiomas, e aprendera um português razoável durante as três semanas a bordo do navio, e os três meses sozinho em São Paulo, antes da nossa chegada. Quanto à mamãe, fazia-se entender por mímica, e também, por incrível que pareça — com as freiras e os médicos —, em latim! Sim, porque naquele tempo o latim fazia parte de qualquer currículo ginasial, e as pessoas que iam estudar medicina, odontologia e enfermagem, já sem falar em padres e freiras, tinham de saber bastante latim, tanto na Europa como aqui. E foi este o "quebra-galho" da mamãe, nos primeiros tempos.

ASSIM COMEÇOU A NOSSA VIDA na Rua Jaguaribe, que marcou o nosso verdadeiro encontro com o Brasil, e representou para nós, crianças — especialmente os dois maiores —, uma mudança drástica, espécie de "choque cultural" entre nosso passado europeu e a realidade brasileira, tão diferente em tudo.

A começar pelo clima, o calor, a garoa, e a "ausência" das estações do ano, tão marcantes no outro hemisfério. O verão permanente nos intrigava, as chuvas torrenciais e as trovoadas violentas nos assustavam. Espantava-nos a rapidez com que tudo secava após um aguaceiro daqueles — uma chuva forte em Riga significava vários dias de calçadas molhadas e poças de água suja. E o pôr-do-sol rápido, como se o sol se apagasse de repente, tão diferente dos longos e misteriosos crepúsculos do Norte europeu. E a vegetação luxuriante, o verde-escuro permanente, nos jardins, nos parques, nas praças — naquele tempo ainda havia muito verde em São Paulo... E as noites densamente salpicadas de estrelas, tantas e tantas estrelas, num céu tão diferente do céu setentrional, nosso conhecido...

NA RUA JAGUARIBE teve início, para nós, crianças, uma vida nova, que no começo foi muito difícil, por causa do idioma desconhecido, dos costumes desusados, do ambiente, do clima, e até da roupa que trouxemos conosco, especialmente a do meu irmão. É que, na época, lá em Riga — e na Europa em geral, penso — os meninos usavam roupas "de criança": calças bem curtas, botinhas ou sandálias, camisas e blusas "folclóricas", coloridas e bordadas, coisas assim. Ao passo que os meninos da Rua Jaguaribe, quando se endomingavam, usavam "ternos", miniaturas de roupas de adulto, só que de calças pelos joelhos, mas camisa, paletó e sapatos "de homem" — que eu, aliás, achava muito sem graça, feios mesmo, que os faziam parecer mais anões que crianças. Mas os meninos caçoavam dos nossos trajes, chamavam meu irmão de mariquinhas, perguntavam se aquilo era fantasia de carnaval... Nós nem sabíamos o que era o carnaval, e hoje aquelas nossas roupinhas passariam até despercebidas, diante do "carnaval"

que são as roupas de todo dia, agora. Mas naquele tempo e naquela rua nós éramos os "diferentes", e sofríamos com as zombarias das outras crianças: meu irmão — o do meio, o pequeno ainda não entendia nada — chegava a chorar por causa disso.

Já quanto ao clima, a primeira coisa que me aconteceu, logo que nos instalamos no sobradinho, foi ficar com icterícia. Era por causa da mudança de clima, pelo menos foi o que nos disseram. Só sei que fiquei toda amarela, até o branco dos olhos amarelou, e tive de entrar num tratamento bravo: dieta rigorosa, que incluía bifes de fígado — cru! Depois que sarei, tomei birra de fígado, e fiquei sem comê-lo durante vários anos, até "perdoá-lo". Mas pior que fígado cru foram as injeções: eu nunca tinha tomado injeção, nem mesmo tinha conhecimento da existência de tal barbaridade, e eis que essa desgraça desaba sobre mim! E era injeção na veia, ainda por cima. Eu, que já estava traumatizada por aquela malfadada operação de amígdalas, quase morro de medo, da primeira vez. Mas logo me acostumei, ou melhor, me resignei, e comecei até a ir sozinha para a enfermaria da Santa Casa tomar a tal injeção. É que a Santa Casa ficava realmente a poucos metros da nossa casa, e ir para lá sozinha me dava uma sensação de independência, de "gente grande", muito agradável. Eu me pavoneava perante o meu irmão, que só tinha permissão de brincar na calçada, na frente do sobradinho — o que até que era muito mais do que a gente podia fazer lá em Riga, onde só pisávamos na rua sob a guarda atenta dos nossos pais ou da governanta.

Então, ir para a Santa Casa era pra mim mais uma aventura — e bem maior do que eu esperava, na verdade. Porque, ao cruzar o grande portão da Rua Dr. Cesário Mota, eu penetrava num mundo fascinante, mas perturbador.

É que, naquele tempo, a Santa Casa era o maior — se não o único — hospital gratuito da cidade, e para ele vinham doentes da capital e de todo o interior. O hospital estava sempre superlotado, as salas de espera repletas de gente com todo tipo de doenças. Havia até doentes deitados no chão, nos corredores, e mesmo do lado de fora. Posso dizer que os meus olhos infantis viram coisas bem mais assustadoras que quaisquer terrores criados pela minha sempre excitada imaginação: eram rostos devastados pela sífilis, horríveis lesões de leishmaniose, que era chamada "úlcera de Bauru", tuberculosos escarrando sangue, gente com o terrível "fogo selvagem"... Só não havia ali hansenianos — que eram chamados "leprosos" — porque as vítimas dessa doença (grave, e mesmo deformante, mas hoje curável, e bem menos contagiosa que muitas outras) eram violentamente discriminadas, isoladas em colônias e proibidas de ter contato com a população em geral. Esses infelizes, eu os vi, sim, na Rua Jaguaribe — mas passando por ela em caravanas, a cavalo, pedindo auxílio aos transeuntes, estendendo-lhes canecas presas na ponta de longas varas. E, mesmo assim, as pessoas se escondiam e mandavam as crianças entrarem em casa, porque corria um boato, ou uma superstição, de que os leprosos procuravam morder as pessoas sadias, para lhes passar a doença. Isso me horrorizava, eu tinha muita pena, misturada com medo, daquela pobre gente, maltrapilha, humilhada, feia, muitas vezes com o rosto deformado, com dedos faltando nas mãos, uma tristeza! Felizmente agora as coisas já não são mais assim, e os hansenianos são tratados com humanidade, como doentes normais.

Foi também na Santa Casa que tive uma experiência que me abalou e me marcou muito. Numa das vezes que fui tomar minha injeção, comecei a zanzar, como de costume, pelo jardim do hospital, entrando pelas portas sempre abertas ora numa, ora noutra sala de espera, cheia de doentes aguardando a vez de serem atendidos. Até que, de repente, me vi na porta de uma sala de consulta, onde se encontrava um grupo de rapazes, estudantes, rodeando uma mesa, sobre a qual estava sentada uma pobre mulher visivelmente muito doente. Seu rosto de coloração amarelo-suja era todo marcado e sulcado de rugas, o cabelo em desalinho, os olhos baixos. Mas o que me chocou mais foi que ela estava nua em pelo, e o professor que estava dando aquela aula prática explicava não sei o que aos moços, e tocava aquele pobre corpo esquálido sem a menor cerimônia — ou assim me parecia —, enquanto alguns daqueles rapazes riam e faziam, em voz alta, comentários que eu não entendia, mas percebia como um desrespeito e uma ofensa até mesmo aos meus próprios sentimentos. Que médicos serão esses, pensei comigo, que se comportam assim diante de uma pessoa pobre e doente? Naquele dia, saí da Santa Casa deprimida, e depois disso nunca mais me atrevi a invadir uma enfermaria...

O ANO DE 1929 estava no fim, mas ainda faltavam alguns meses para o começo do ano letivo, quando eu e meu irmão seríamos matriculados numa escola. Enquanto isso, pudemos ir tomando contato com o nosso novo mundo — isto é, com a Rua Jaguaribe e o Largo do Arouche, no qual ela nascia e até onde tínhamos licença de passear sozinhos, desacompanhados. (A era da *Fräulein* havia terminado...) Mais ainda, eu não só podia, como devia levar o meu irmãozinho caçula, então com um ano e meio de idade, a passear — às vezes a pé, outras de carrinho, mas sem sair da calçada, naturalmente. E eu gostava de fazer isso — até que um dia aconteceu um incidente que me "tirou do sério" a ponto de eu chegar a fazer a primeira maldade premeditada dos meus dez anos e meio de vida.

Foi assim: saí para dar uma volta pela calçada, com o nenê cochilando gostoso, protegido do sol tropical, debaixo da capota levantada do carrinho que eu ia empurrando, contente da vida. Mas quando eu ia dobrar a esquina da Rua Fortunato, eis que surge na minha frente um garoto bem maior que eu, um daqueles moleques que viviam nos arreliando, fosse por causa da nossa roupa ou porque ainda falávamos mal o português. E o que é que ele faz? Joga dentro do carrinho, no rosto do meu irmãozinho adormecido, um bicho nojento, talvez peçonhento, não sei se uma vespa ou uma barata. Desprevenida e assustada, larguei a barra do carrinho e tentei pegar o inseto, tirá-lo da carinha do nenê. E não é que o moleque aproveita e dá um empurrão violento no carrinho, tirando-o da calçada e fazendo-o atravessar a rua, aos trancos e barrancos, pulando nos paralelepípedos, até a calçada oposta! Por sorte, não passava carro algum pela rua, senão, nem quero pensar no que podia ter acontecido... Mas naquele momento eu fiquei tão furiosa que, em vez de correr atrás do carrinho, "fui às fuças" — literalmente — daquela peste de moleque. Pulei na cara dele com as unhas das duas mãos, arranhando-lhe o rosto desde os olhos até o meio das bochechas, e só não lhe enfiei as unhas nos olhos porque ele era bem mais alto que eu — vontade não me faltava. O garoto ficou tão atarantado que recuou, e eu me precipitei para segurar o carrinho e consolar o maninho que chorava, apavorado. Foi o fim daquele passeio, mas não o fim da história. E a maldade de que falei há pouco não era essa: essa foi apenas uma reação espontânea, de ricochete à agressão sofrida. Mas continuei curtindo a minha raiva e aguardando a oportunidade de pagar na mesma moeda.

Essa oportunidade surgiu alguns dias mais tarde. Estava eu sentadinha no degrau da calçada, junto à porta do nosso sobradinho, quando vi aquele meu desafeto se aproximando. Mais que depressa, comecei a trançar os dedos das mãos, fazendo os dois dedos médios aparecerem ora alternadamente, ora juntos, um em cima, outro embaixo, mexendo-se de um jeito engraçado que eu tinha visto no cinema, num filme do Gordo e o Magro. Era o Magro que fazia essa gracinha, e o Gordo, bobão, queria imitá-lo e não conseguia. Como o meu "inimigo" era muito burro — se não fosse, não teria feito o que fez naquele dia — presumi que ele também ficaria curioso e quereria me imitar. E não deu outra: o bobalhão, esquecido da cena de dias atrás, foi se chegando, se chegando, e olhando, olhando — e eu, sem dar bola, continuando a brincar com os dedos. Até que ele, depois de tentar várias vezes me imitar, sem conseguir — como eu esperava — finalmente falou: "Me mostra como é que faz isso". Eu, com cara de "estou de mal", fiz que não, me fazendo de rogada.

Só depois que ele pediu pela terceira vez, assumi um ar magnânimo de consentimento e, "Tá bom, eu mostro", eu disse: "É assim, venha cá". Ele se aproximou e eu mostrei: "Faça assim!" — e juntei as palmas das mãos, como quem vai rezar, só que com os dedos entrelaçados na vertical. Ele me imitou e eu, zás!, juntei os dedos cruzados dele entre as minhas duas mãos e apertei com vontade... Quem conhece essa malvadeza sabe o quanto isso dói — dói de perder o fôlego, de não poder suportar. Acho que até se pode quebrar os dedos da vítima desse jeito, se se apertar com força mesmo. É uma brincadeira de muito mau gosto, essa, que me foi ensinada — na prática, ai de mim! — por um primo capeta, lá em Riga. Foi a primeira e última vez que fiz uma coisa dessas com alguém — mas não me arrependi. Aquele dia foi o dia da minha merecida revanche.

Não conto esse episódio para me vangloriar, pelo contrário, não me orgulho dele. Foi um acontecimento triste na minha vida de criança, porque me mostrou que eu, que sempre fui de boa paz, era capaz não só de uma reação impulsivamente agressiva, mas, pior que isso, que eu podia, quando suficientemente provocada, cometer um ato de maldade a sangue frio — ainda que "justiceiro" e com toda a razão.

O fato é que o tal moleque até se ajoelhou de dor, implorando em lágrimas que eu parasse com aquilo. Aí eu falei, no meu português macarrônico, que só iria soltá-lo se ele jurasse nunca mais me aborrecer, nem aos meus irmãos, e não caçoar de nós, nem cantar, aos berros, em coro com outros moleques iguais a ele, a "poesia" desaforada que eles inventaram para nos arreliar:

"Alemão, paspalhão,
Come bosta com feijão..."

Para eles, todo e qualquer estrangeiro era "alemão". Ele prometeu, jurou, eu o soltei, e aquele garoto nunca mais se meteu comigo. Mas os outros bem que continuaram nos provocando, e a guerra surda entre nós, os estranhos, e a molecada da Rua Jaguaribe ainda continuou por muito tempo. Isso pode parecer engraçado hoje, mas na época era penoso, doloroso mesmo, e a gente sofria muito com essa hostilidade gratuita, essa impossibilidade de fazer amigos — depois do clima de aconchego e carinho lá de Riga.

DE RESTO, a Rua Jaguaribe era fascinante: tinha até lampião de gás, devia ser uma das últimas ruas com essa iluminação, em São Paulo. E nós não nos cansávamos de ver "o homem do lampião" acendê-lo ao entardecer, com o foguinho que trazia na ponta de uma longa vara, e apagá-lo com a mesma vara, de manhã bem cedinho. Achávamos esse sistema muito mais interessante que a luz elétrica, dentro de casa...

Quanta coisa curiosa, quantas atrações essa rua tinha para nós, meu mano e eu... A gente a explorava de ponta a ponta, às vezes juntos, outras vezes eu gostava de sair sozinha, investigando o que havia por ali. Eram tantas coisas que eu não conhecia...

A começar pelo nosso vizinho do lado esquerdo: era outro sobradinho igual ao nosso, só que lá não morava ninguém, o que havia ali era o Café da Serra, uma torrefação de café, cujo aroma forte e penetrante impregnava o ar naquele pedaço da rua e se percebia de longe. Eu nunca havia sentido aquele perfume antes: o café que eu conhecia lá em Riga era uma estranha mistura quase inodora com mais chicória que café. E nem esse, nós, crianças, podíamos tomar, os próprios adultos só o bebiam de vez em quando, e com muito creme — porque constava que fazia mal à saúde e tirava o sono. Lembro-me até de uma musiquinha que cantavam para a gente, em alemão, cuja letra dizia: "Café, não bebas tanto café, não é pra crianças essa bebida turca, ela enfraquece os nervos e te deixa pálido e doente..." E eu me espantava, como é que os brasileiros — até as crianças! — tomavam tanto café e não morriam, nem ficavam doentes, nem nada... (Hoje, e desde que me casei, há muitos anos, eu tomo vários cafezinhos por dia, bem fortes e sem açúcar, e "nem morro, nem fico doente, nem nada...")

E, claro, havia a Santa Casa, onde eu vivi algumas experiências no mínimo emocionantes, de que já falei, e onde conheci a famosa "Roda", uma coisa insólita, que muito me impressionou quando soube do que se tratava. Essa tal roda ficava no muro externo da Santa Casa, na Rua Dona Veridiana — a sua marca ainda se pode ver ali. Era um nicho nos tijolos desse muro, uma espécie de janela fechada, com uma prateleira em forma de disco giratório, do qual se via, da calçada, só a metade. Nessa prateleira, pessoas muito pobres, mães solteiras ou as que não queriam ou não podiam ficar com o seu bebê, punham o recém-nascido, na calada da noite, quando ninguém estava olhando. E apertavam um botão que fazia a roda girar, levando a criancinha abandonada para dentro da Santa Casa. Lá, as freiras a recolhiam e cuidavam dela até certa idade — depois do que não sei o que acontecia com aqueles orfãozinhos de pais vivos... Para mim, era um espanto, coisa difícil de compreender e de aceitar — embora eu sentisse vagamente que essa "solução" era, afinal de contas, uma caridade: melhor que as notícias sobre mães que jogavam no lixo ou até matavam os seus bebês recém-nascidos.

Na calçada em frente à nossa casa, mais adiante, existia o Instituto Jaguaribe. Era o que dizia a grande placa: Instituto Jaguaribe, de Fritjof Dethoff. Era, acho, uma das primeiras academias particulares de cultura física da cidade, onde havia "ginástica, massagem, natação". Ginástica sueca, com certeza, como indicava o nome do dono. Nunca cheguei a pisar naquele lugar, o que foi uma grande frustração — bem que eu teria gostado de aproveitar a parte de natação... Alguns anos mais tarde, eu viria a ser sócia do Club Athletico Paulistano, que já era tradicional e era até campeão mundial de futebol amador, e contava no seu time o legendário Federaxe — o jogador Friedenreich, valoroso mulato de nome alemão. Mas no meu tempo de Rua Jaguaribe adentrar o misterioso Instituto foi um sonho impossível...

Na esquina mais próxima ficava uma venda de "secos e molhados", onde mamãe fazia as compras do dia, entre uma feira livre e outra. Lembro-me de uma vez — logo que nos mudamos para o sobradinho — que papai me mandou buscar manteiga naquela vendinha. Foi bem no começo, eu ainda não entendia quase nada de português. Então papai me fez decorar o que eu tinha de dizer ao vendeiro. Era: "Fasfavór demedar duzentogram manteiga" — assim mesmo, o português de papai também ainda não era lá essas coisas. Saí andando pela calçada, cantarolando aquela frase sem parar, com uma musiquinha inventada, para não esquecê-la. E, à medida que a ia repetindo, ela me soava "errada" — no sentido do ritmo da minha cantilena. Acostumada a ler, ouvir e dizer poesias, eu tinha a sensação de que aquilo era como dois versos que "pediam" para ser, o primeiro de sete e o segundo de seis sílabas, com a acentuação nos lugares corretos. Então, acabei corrigindo o que me parecia o "pé quebrado" do primeiro "verso". E daí passei a cantarolar a minha ladainha assim: "Faz-favór *dedé*-medar *duzento* gramantéiga..." Felizmente, o vendeiro me entendeu e até perguntou se a compra era para uma pensão! Parece que o povo da Rua Jaguaribe não era grande consumidor de manteiga.

AOS DOMINGOS, papai e mamãe nos levavam a passear e a conhecer a cidade. Acho que poucos paulistanos faziam tanto turismo em São Paulo como nós, estrangeiros recém-chegados e curiosos. Assim, começamos pelos parques e jardins: o belo Jardim da Luz, no Bom Retiro; o "selvagem" e tão tropical Jardim Trianon, o Parque Siqueira Campos, na rica Avenida Paulista dos palácios e dos ipês-amarelos; a bem-arrumada e "civilizada" Praça Buenos Aires, com um mirante no ponto mais alto e um espelho d'água, com peixinhos e tudo, no aristocrático bairro de Higienópolis; o Parque D. Pedro II, grande e espalhado;

e mesmo o amplo jardim do Vale do Anhangabaú, hoje totalmente diferente, com o velho Viaduto do Chá, de ferro "rendado", e as dramáticas esculturas junto às escadarias da Praça Ramos de Azevedo; e o branquíssimo prédio da Light — aquele que tanto nos deslumbrava com a sua feérica iluminação noturna. E que, por sinal, deslumbrava também as mariposas, "bruxas" tão grandes e gordas que chegavam a nos assustar. E que, atraídas pelas luzes fortíssimas, nelas se queimavam e caíam ao chão, que ficava literalmente atapetado por elas. Em certos meses do ano, andava-se por ali pisando em "crepitantes" mariposas.

E fomos, naturalmente, visitar e conhecer o Museu Paulista, o famoso "Museu do Ipiranga", no bairro do mesmo nome, com o seu elegante parque tipo Versailles, e o imponente monumento à Independência. Tudo tão bonito, a começar pelo palácio que abriga o museu, com as suas, para nós "exóticas", coisas brasileiras, que incluíam frascos com as águas dos maiores rios do Brasil. E a linda Praça da República, com sua vegetação meio europeia, aqueles belos plátanos, os laguinhos com suas pontezinhas e os peixinhos dourados, que impressionaram o meu irmãozinho caçula, de um ano e meio. Ele os chamava de "macóqui", uma corruptela infantil de *marcóvki*, cenouras, em russo. Até hoje nós de casa chamamos os peixinhos dourados de "macóqui". E tantos outros logradouros...

A gente ia a esses lugares de bonde, levando lanche, eram passeios que consumiam o dia inteiro, até escurecer. Esse escurecer que despencava de repente, para nosso grande espanto, pois o crepúsculo, lá no norte da Europa, de onde viemos, levava um tempo prolongado, no seu poético lusco-fusco.

Era tudo muito gostoso e fácil para nós, crianças, mas hoje, quando me lembro daquelas excursões, não posso deixar de admirar a disposição dos nossos pais. Para eles é que não devia ter sido fácil, após uma longa semana de árduo trabalho — eram seis dias úteis, não havia ainda a semana inglesa —, passar o domingo inteiro "descansando" às voltas com três crianças, sendo uma ainda de meio-colo, fraldas, lanches, xixi-cocô, dodóis, bondes, andanças... Menos mau quando aqueles parques e jardins ficavam dentro do perímetro urbano, de acesso relativamente fácil, dois bondes de ida, dois de volta, se tanto, sem contar as muitas caminhadas... Mas nós íamos também a lugares distantes, como a Represa de Santo Amaro, ou o Horto Florestal. Ou o Orquidário do Estado, um deslumbramento todo especial, já que orquídea, lá em Riga, era coisa ainda mais rara que a própria banana. E o passeio mais sensacional de todos, o Instituto Butantã, com suas cobras venenosas, tarântulas e escorpiões e lacraias e outros bichos medonhos e perigosos. E os valentes funcionários que, para o nosso embasbacado espanto, os manipulavam sem medo, tirando a peçonha das serpentes diante dos nossos olhos incrédulos...

Todos esses lugares ficavam longe mesmo, não existiam ainda as vias expressas e asfaltadas de agora, e nossos passeios eram na verdade pequenas viagens. Para a Serra da Cantareira ia-se de trem, o famoso trenzinho da Cantareira, de bitola estreita, tão pitoresco, que não existe mais — e só isso já era uma curtição em si. E, claro, havia também Santos, a praia, o mar — o imenso Oceano Atlântico, aberto, tão diferente do nosso pacato Golfo de Riga — com a sempre emocionante viagem de ida e volta, o trem suspenso pelos possantes cabos de aço, subindo e descendo a "muralha" da serra, as montanhas, a espessa vegetação tropical, as paisagens, os túneis, e tudo...

POUCO DEPOIS de instalados no sobradinho da Rua Jaguaribe, fizemos a nossa primeira viagem ao Rio de Janeiro, a convite do primo de papai, para conhecer nada menos que o carnaval carioca. Ficamos lá durante uma semana, hospedados naquela pensão do bairro de Laranjeiras. E também lá fizemos turismo à beça. De manhã, mamãe nos levava à praia de Copacabana, bem longe, de bonde mesmo. Com o pequerrucho no colo, os dois "grandes" a reboque, todos carregados de toalhas, pacotes, lancheiras, brinquedos e toda sorte de tralha, éramos um autêntico safári. Mas a praia era maravilhosa, eu nunca tinha visto uma areia tão branca e tão fina — e limpa, o que não se pode dizer mais hoje... E quase deserta, poucos cariocas iam à praia naquele tempo. Mas o mar, lindo mar azul, era o mais bravo que eu já vira, e a gente só podia se aventurar a entrar até o tornozelo, e mesmo assim as ondas vinham e derrubavam a gente. Era emocionante, depois do mar que eu conhecia, o Golfo de Riga, tão manso que eu podia entrar na água até o peito. E, quando parecia que não ia mais dar pé, a água começava a ficar cada vez mais rasa, por causa de um grande banco de areia que havia ali. A gente acabava quase que pisando em terra firme de novo, e só além daquele banco de areia é que o mar ficava fundo mesmo. Mas só os banhistas adultos, bons nadadores, é que passavam daquele ponto.

Copacabana era linda. Não quero parecer saudosista, mas acho que era ainda mais bonita que agora, com a curva da Avenida Atlântica, enfeitada pelo seu "colar de pérolas", e a calçada de mosaico português imitando as ondas do mar, que ainda existe, mas então era novidade para mim. Também ao longo da avenida, do outro lado, não se eriçavam os prédios altos de agora, escondendo os morros. Grande mesmo, mas não alto, era, ainda bastante novo, o Copacabana Palace Hotel, um imponente edifício. O resto eram palacetes com amplos jardins tropicais, belos e ricos. Havia um que tinha até uma coleção de pássaros e aves diversos, passeando pelo jardim as suas plumagens coloridas, que me deixavam encantada. As próprias casas me enchiam de admiração: em Riga todo mundo morava em apartamentos, em prédios de poucos andares, a maioria sem elevador. Casas particulares eram chamadas "vilas", raras, e só existiam fora da cidade e pertenciam a gente muito rica. Na verdade, eu nunca tinha visto uma delas, só as conhecia de ouvir falar... Então, a minha impressão era de que o Brasil estava cheio de milionários. Hoje, também aqui a maioria, nas grandes cidades, mora em apartamentos. Mas não naquele tempo: nos anos 30, nem existiam prédios de apartamentos em São Paulo e no Rio de Janeiro. Todo o mundo morava em casas, casas ricas e casas pobres, palácios e palacetes, sobradões e sobradinhos, casinhas geminadas, toda sorte de vivendas, umas com jardim, outras sem, e quase todas com quintal. Mas sempre casas: saía-se pela porta e pisava-se no chão, não num patamar de elevador. Havia prédios com elevadores, claro — mas eram os edifícios do centro da cidade abrigando repartições, escritórios importantes, grandes lojas, bancos, coisas assim —, prédios sólidos e elegantes, por sinal. Mas não existiam arranha-céus.

MAS VOLTEMOS à Pensão Laranjeiras. Depois do almoço, continuávamos o nosso turismo carioca. Papai e mamãe, mais o primo — feliz proprietário de uma "baratinha" — nos levavam, todos empilhados, a passear pela cidade do Rio de Janeiro. E foi assim que ficamos conhecendo o Morro da Urca e o Pão de Açúcar, onde subimos — ai que emoção! — pelo funicular, o "bondinho" pendurado entre aqueles enormes rochedos. E de onde se descortinava uma vista empolgante, só superada pela paisagem de tirar ainda mais o fôlego que se estendeu diante dos nossos olhos, quando subimos — passageiros de outro trenzinho incrível, quase vertical — ao alto do Corcovado. Ali ainda não se erguia a estátua do Cristo Redentor, que é hoje o cartão-postal do Rio de Janeiro. Mas me parece que o panorama era, por estranho que pareça, bem mais "divino" ao natural, sem ela.

Fomos passear também na Gávea, e na Avenida Niemeyer, ainda bastante deserta, e na Tijuca, com a sua floresta e a sua linda Cascatinha. "Cascatinha", por sinal, era o nome da cerveja que papai tomava com muito gosto, enquanto nós, crianças, nos amarrávamos num refrigerante incrível que tinha o estranho nome de Guaraná.

Não deixamos de passear pelo centro da cidade, na elegantíssima Rua do Ouvidor, e na muito chique Cinelândia, em frente ao Teatro Municipal e suas escadarias, com seus bares e sorveterias na calçada. E, claro, na Avenida Rio Branco, reta, larga e imponente, embicando no cais do porto, por onde chegamos ao Brasil pela primeira vez.

E foi nessa Avenida Rio Branco que tivemos a nossa primeira impressão — e que impressão! — do carnaval brasileiro. Eu já tinha ouvido falar em carnaval: na Europa, era famoso o carnaval de Nice, na França, com a sua decantada batalha de flores; e o carnaval de Veneza, mais exuberante, tradicional, com gente fantasiada e mascarada dançando e cantando nas ruas. E havia também os luxuosos, e acho que "comportados", bailes de máscaras, em muitas capitais europeias. Eu já ouvira falar em *fasching, carnevale, mardi-gras* — vagamente. Mas o que eu vi, o que nós vimos, no Rio de Janeiro, não se parecia com nada que eu pudesse sequer imaginar nos meus sonhos mais desvairados.

Aquelas multidões enchendo toda a avenida, aquele "corso" — o desfile interminável e lento de carros, para-choque com para-choque, capotas arriadas, apinhados de gente fantasiada e animadíssima. Todo aquele mundaréu de homens, mulheres, crianças, de todos os tipos, de todas as cores, de todos os trajes — todos dançando e cantando, pulando e saracoteando, jogando confetes e serpentinas que chegavam literalmente a entupir a rua e se enroscar nas rodas dos carros... E os lança-perfumes, que que é isso, minha gente! E os "cordões", os "ranchos", os "blocos de sujos" — e todo o mundo se comunicando, como se fossem velhos conhecidos, se tocando, brincando, flertando — era assim que se chamavam os namoricos fortuitos, a paquera da época —, tudo numa liberdade e descontração incríveis, especialmente para aqueles tempos tão recatados e comportados... Tanto que, ainda vários anos depois, uma marchinha carnavalesca falava, na sua letra alegremente escandalizada, da "moreninha querida... que *anda sem meia em plena avenida...*"

Ah, as marchinhas, as modinhas, as músicas de carnaval, maliciosas, buliçosas e engraçadas, algumas até com ferinas críticas políticas... E os ritmos, e os instrumentos —

violões, cuícas (coisa nunca vista!), tamborins, reco-recos...
E finalmente, coroando tudo, as escolas de samba, e o desfile feérico dos enormes carros alegóricos das sociedades carnavalescas — coisa absolutamente inédita para nós — com seus nomes esquisitos, "Fenianos", "Tenentes do Diabo" — cada qual mais imponente, mais fantástico, mais brilhante, mais deslumbrante, mais mirabolante — e, para mim, nada menos que acachapante!

E pensar que a gente não compreendia nem metade do que estava acontecendo! Todo aquele alarido, todas aquelas luzes, toda aquela agitação, toda aquela alegria desenfreada — tudo isso nos deixou literalmente embriagados e tontos de impressões e sensações, tão novas e tão fortes que nunca mais esqueci aqueles dias delirantes. Vi muitos carnavais depois daquele, participei mesmo de vários, e curti-os muito. Mas nada, nunca mais, se comparou com aquele primeiro carnaval no Rio de Janeiro, um banho de Brasil, inesquecível...

VOLTEMOS AGORA para a Rua Jaguaribe. Lá, eu podia passear sozinha e desacompanhada, até mesmo sem os meus irmãos — quando não estava tomando conta deles, bem entendido. E eu passeava mesmo, partia para toda sorte de aventuras, naquele breve percurso que na época me parecia muito grande, a rua mais longa dos meus dez aninhos e meio, e a mais "diferente" também.

Além do cheiroso Café da Serra, do inacessível Instituto Jaguaribe e da enorme Santa Casa, com suas enfermarias, seus jardins e sua roda, havia na "minha" rua mais uma instituição que me interessava e me intrigava muito. Era a Igreja do Coração de Maria, com o convento anexo. Igrejas, eu só conhecia algumas pelo lado de fora, lá em Riga. Eram muito antigas, seculares, de arquitetura gótica, com arcos em ogiva e torres pontiagudas, igrejas bonitas e, para mim, misteriosas. Mas eu nunca vira uma igreja católica, ou mesmo protestante ou ortodoxa, por dentro...

Em matéria de templos, eu só conhecia o interior da bela sinagoga de Riga, com seu altar de cortinas e os grandes rolos da Torá, com uma luz maravilhosa filtrando-se pelos vitrais... A velha sinagoga de Riga, onde iria perecer, assassinada pelos nazistas, junto com muitos outros, grande parte da nossa numerosa família, velhos e jovens, mulheres e crianças. As mesmas crianças com quem eu e meu irmão brincávamos tanto — inclusive o primo que, ao nos despedirmos, me pedira chorando que não me casasse, porque ele viria buscar-me quando crescesse... Mas essas coisas terríveis só iriam acontecer anos mais tarde, durante a Segunda Guerra Mundial, e naquele dia bonito, em 1930, eu não podia imaginar nada disso, e nem desconfiar que a nossa vinda ao Brasil certamente nos salvara do mesmo trágico destino.

Naquele dia, eu apenas senti vontade, ou melhor, curiosidade, de conhecer por dentro essa igreja que, já por fora, me parecia muito bonita e intrigante. Agora, eu queria saber como era por dentro, apesar de estar com um certo receio: como seria o interior daquele templo? Quem estaria ali agora? Não seria proibido criança entrar lá, sozinha?

Eu já tinha presenciado coisas para mim meio estranhas, relacionadas com aquela igreja. Por exemplo, certo dia saiu de dentro dela uma porção de gente, padres e freiras, e mulheres de cabeça coberta por mantilhas de renda, e homens com faixas e braçadeiras, crianças vestidas de anjos e pessoas carregando padiolas — eu não sabia o que era um andor — com grandes estátuas de cabeças aureoladas e roupas coloridas, dramáticas, teatrais e suntuosas — ou era o que me parecia. E todos desfilavam em formação, entoando cantigas monocórdias: parecia algum tipo de festa, mas não me parecia alegre. Pois é, era uma procissão, eu nunca tinha visto uma, não sabia o que era, nem o que significava. Mas fiquei fascinada e intrigada com aquele espetáculo em plena rua.

Então, naquele dia, decidi entrar mesmo — "o que será, será!" — e dar uma olhadela. E foi o que fiz, depois de hesitar um pouco. Fui entrando pé ante pé, o coração aos pulos. Na penumbra, logo na entrada, a primeira coisa que vi foram duas colunas, encimadas por duas urnas de mármore, com inscrições: de um lado, "Tibiriçá", e do outro, "João Ramalho", nomes que eu li à minha maneira, alemã ou letoniana, assim: "Tibirítsa" e "Ioáo Ramal-hó". Pensei que seriam nomes de pessoas, mas nem podia imaginar de quem se tratava: parece que eram as urnas funerárias daqueles dois personagens históricos. Que por sinal não estão mais lá — que será que foi feito delas?

Passei devagarinho entre as duas colunas e, como ninguém entre as pessoas que se encontravam ali sequer virou a cabeça na minha direção, fui entrando e olhando em volta. Era tudo muito novo, estranho, misterioso — o altar, as pinturas, as imagens, aquele silêncio solene, tudo aquilo me intimidava um pouco. Dei uma volta por um lado e saí pelo outro, bem quietinha, como entrei, sem entender muita coisa, contente por ninguém ter reparado em mim nem me ter dito nada: considerei que no mínimo escapara de um "carão" — menos mau, afinal de contas.

Depois daquele dia, vi muitas procissões saindo da igreja, e vi os terríveis moleques da Rua Jaguaribe arremedarem a cantoria dos fiéis, entoando em coro, em altos brados, em vez de "Ave, ave, ave Maria", simplesmente "Ave, ave, ave-struz!" — com uma desfaçatez que me chocava como, no mínimo, uma falta de educação escandalosa, tanto mais que os transeuntes tiravam os chapéus — todos usavam chapéus, palhetas, bonés — e se persignavam respeitosamente...

AH, AQUELES MOLEQUES da Rua Jaguaribe, como me lembro deles! Eles nos atormentavam, nos infernizavam a vida, e acho que nem era propriamente por mal, mas por puro instinto de... de quê? Exuberância infantil? Preconceito? Simples "espírito de porco"? Talvez. Embora muitos deles fossem *oriundi*, descendentes, e mesmo filhos, de italianos, alemães, sírios, portugueses, eles não perdoavam os "estrangeiros" novos, os "gringos", e demonstravam o seu desagrado da maneira que sabiam, o que podia ser bastante desagradável e agressivo.

Assim como eles cantavam para nós "Alemão, bestalhão, come bosta com feijão", provocavam do mesmo jeito o dono da venda de secos e molhados, gritando sempre que ele aparecia na porta do seu estabelecimento: "Olha o Fonseca, de bunda seca!" E o pacífico português ficava invariavelmente furioso, para grande alegria do bando. E nem o sapateiro italiano conseguia escapar das suas zombarias: "Italiano, carcamano, come bosta todo o ano" — era o refrão que ele tinha de ouvir, e ao qual revidava com uma bela enxurrada de "chumbo grosso" verbal, em italiano mesmo. Mas o pior era quando eles azucrinavam sem dó também um pobre garoto deficiente mental, grandão, desajeitado, tartamudo e inofensivo, e o coitado, sem saber se defender, só chorava...

Aqueles meninos eram moleques de boca suja, sempre a despejar palavrões cabeludos e dizendo obscenidades que me deixavam roxa de vergonha. Eles também desenhavam nos muros e paredes uns grafites — que ainda não tinham merecido este nome "científico" — tão indecorosos como o seu repertório falado e cantado, devidamente acompanhados dos respectivos nomes "chulos".

Às vezes, esses garotos não se contentavam em me fazer morrer de vergonha, e chegavam às vias de fato. Como certa vez, cerca de um ano mais tarde, quando um moleque grandão, de uns treze, quatorze anos, me disse uma obscenidade qualquer e meteu a mão debaixo da minha saia. Entrei correndo em casa, chorando de raiva e humilhação, e contei a papai o que me acontecera.

Meu pai era uma flor de pessoa, eu nunca o vira sequer levantar a voz, mas naquela hora ele ficou uma fera. Levantou-se e foi direto à casa daquele garoto, que ficava perto da nossa, chamou o pai dele e lhe transmitiu a minha queixa, em termos insofismáveis. O pai do moleque se desculpava, mas papai disse que isso não era suficiente, e que se ele próprio não aplicasse no filho um corretivo exemplar, na sua frente, ele mesmo, o meu pai, se encarregaria disso, e seria pior. O pai do "delinquente" nem se fez de rogado, aceitou a sugestão de papai e deu uma boa sova no seu rebento. E foi assim que mais um "desafeto" parou de se meter comigo. Mas confesso que esse tipo de vitória não me deixava feliz. Eu bem que preferiria ter outra espécie de relacionamento com os vizinhos...

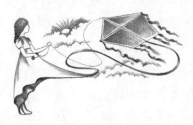

ENTRETANTO, NEM TUDO eram espinhos na Rua Jaguaribe e, com o tempo, se não chegamos propriamente a fazer amizade com a garotada da rua, pelo menos a gente conseguia se relacionar numa quase boa. E para essa espécie de trégua muito contribuíram as minhas habilidades manuais, aprendidas em Riga com a nossa governanta. Por exemplo, eu sabia fazer os melhores e mais bonitos papagaios de papel de seda, papel-manteiga e varinhas de bambu de toda a Rua Jaguaribe. Mais ainda, eu sabia empiná-los também, com invejável eficiência. Invejável porque os tais garotos me invejavam mesmo, em especial por eu ser uma mera menina. Mas acabei conquistando a boa vontade de muitos deles, ajudando-os na feitura das suas pipas.

Aliás, eu era jeitosa, de modo geral, em "coisas de menino". Embora gostasse de pular corda e amarelinha com as poucas garotas da rua, eu gostava mais era de jogar pião de fieira e bolinha de gude, artes nas quais tampouco fazia feio diante dos garotos, para espanto, senão escândalo mesmo, das meninas e até dos adultos. Eu só não achava graça em colecionar figurinhas das balas Far-West, nem em juntar carteirinhas de marcas de cigarro — Yolanda, Odalisca e outras — que os meninos disputavam no "abafa" e até no tapa. Mas eu sabia, melhor que eles, dobrar e transformá-las em cintos trançados — o que eu fazia, às vezes, para um ou outro deles, por gentileza especial.

    Na verdade, essas gentilezas não eram desinteressadas: eu bem que tentava conquistar as boas graças da molecada, nem que fosse só para me ver livre das caçoadas, das provocações, dos palavrões e dos gestos ofensivos. Tanto assim que, nessa ordem de ideias, um belo dia cheguei a fazer uma grande bobagem: levei para a porta de casa uma caixa cheia de moedas, com a coleção numismática de papai. Ele colecionava selos e moedas, desde menino, e trouxe essas coleções lá de Riga, tanto por razões sentimentais como por motivos práticos. Eram coleções valiosas e poderiam ser úteis numa hora de necessidade. Mas eu, na inocência dos meus dez aninhos, não sabia disso. E fui mostrar aquelas moedas tão curiosas aos meninos da rua, para me bacanear. Acontece que eles ficaram logo muito assanhados e começaram a pedinchar, "Me dá uma, me dá uma", agradando-me como podiam. E eu, encantada por ser, para variar, bem tratada, comecei dando uma, depois outra, e terminei distribuindo a coleção inteira, dezenas de moedas de muitos países, pequenas e grandes, de cobre e de prata, muitas delas antigas, muitas delas raras...

    Não posso esquecer a expressão de meu pai, quando soube do meu acesso de generosidade. Ele não gritou comigo — nunca fazia isso — nem me ameaçou com algum castigo. Só disse: "Você não devia ter feito isso, as pessoas só podem dar o que é delas, não podem fazer presente do que não lhes pertence, e essas moedas não eram suas, minha filha". Ele nem tocou no assunto do valor da coleção: só no aspecto ético. Baixei a cabeça, envergonhada, e devo ter feito uma cara "daquelas", porque mamãe — que sabia ser brava e fazer o maior barulho — só caiu na gargalhada, o que me deixou ainda mais mortificada. Naquela noite, adormeci chorando sobre a minha mala-cama. E durante anos, quando meu irmão queria mexer comigo, só precisava lembrar de como eu havia distribuído as moedas de papai entre os meninos da Rua Jaguaribe...

UMA COISA QUE EU GOSTAVA na nossa rua eram os pregões. Não existia isso lá na cidade de Riga, pelo menos não na nossa Rua dos Navios. Todos os dias, passavam pela Rua Jaguaribe diversos ambulantes, vendendo toda sorte de coisas, de porta em porta, e anunciando a sua chegada com gritos e ruídos característicos. Lembro-me bem das diferentes "melodias" dos seus pregões, posso cantarolá-los ainda hoje, mais de sessenta anos depois. Pena que não dê para reproduzir aqui, por exemplo, o pregão alegre do português das laranjas: "Olha a laranja selé-é-é-ta, olha a boa laranja li-i-i-ma!" Ou então, um pregão que nos primeiros tempos me deixava muito intrigada, porque tinha um som que lembrava o linguajar letoniano, do "povão" lá de Riga, mas que, para mim, não significava nada. Eu o ouvia assim: "Quêeeetinhapamôoo!" O que poderia ser isso? Um dia, acabei descobrindo o que era: pamonha quentinha — "quentinha, pamonha!" Só que eu também não sabia o que era pamonha, não conhecia nem milho — tinha lido alguma coisa sobre *maíz*, mas nem imaginava que jeito tinha — que dizer de pamonha...

Passava a peixeira, portuguesa também, com o seu cesto cheio de peixes frescos na cabeça e uma balança na mão, oferecendo a sua mercadoria em voz alta e melodiosa. Passava o amolador de facas e tesouras, com a sua roda de pedal, anunciando-se não com palavras, mas com uma gaitinha de boca, da qual tirava um som "de ida e volta": piriliiiim-pirilaaaam — e quando falava, era com o forte sotaque de imigrante russo que ele era. Com sons e sem palavras vinha também o imigrante sírio — mas que era chamado turco —, o mascate, sobrecarregado de bugigangas, batendo uma típica matraca, instrumento *sui generis* da sua profissão, sempre bem-recebido pela mulherada da Rua Jaguaribe.

E também o consertador de panelas, batendo sonoramente numa panela: blem, blem, blem! O sorveteiro com o seu carrinho tocava uma buzina de borracha, para atrair as crianças para os seus picolés (que eu nunca tinha visto antes de chegar ao Brasil), e os seus sorvetes de casquinha tipo americano, em forma de cone, o que também era novidade para nós, porque "lá" o sorvete de casquinha vinha entre dois *waffles* chatinhos, tipo sanduíche, do qual a massa escapava por todos os lados. E o bom mesmo era que aqui a gente podia tomar sorvete, não vou dizer à vontade, mas certamente com mais frequência e liberdade do que lá em Riga, onde essa guloseima chegou a constituir o prêmio prometido — e sonegado — pela operação de amígdalas.

E havia o "cabreiro", que vinha com as suas cabras leiteiras, cuja chegada se ouvia de longe, pelos sininhos que elas traziam ao pescoço. Ele parava diante de algumas portas — inclusive a nossa — e ordenhava a mansa cabrinha direto para dentro do copázio, do qual o meu irmãozinho sorvia gulosamente o leite quentinho e espumoso, "bom para os pulmões", como dizia o cabreiro — apesar do cheiro...

Havia também os garotos vendedores de "casca de ferida", aqueles rolinhos de massa fininha e crocante, também chamados "biju", que a gente disputava na "roleta" — um disco com números e uma seta, que as crianças faziam rodar, para tirar tantos rolinhos quantos a seta indicasse, ao parar num dos números do mostrador — pelo mesmo preço. Um "jogo de azar" emocionante!

De vez em quando, passava também o "braço fixo" — o homem que vendia gravatas, artigo indispensável na época, quando nem no bonde se podia entrar desengravatado. Ele as trazia expostas, penduradas no seu próprio antebraço, daí o apelido, naturalmente.

Impressionante era o vendedor de bilhetes de loteria, que gritava: "Olha o último pedaço, amanhã duzentos contos!" Duzentos contos, naquele tempo do mil-réis, era uma fortuna considerável. O impressionante, porém, não era isso, mas sim o fato de que o homem era um deficiente físico: sofria de uma moléstia neurológica chamada "Coreia" — o nome popular era "Dança de São Vito" —, o que eu vim a saber anos mais tarde. Mas naquele tempo o que a gente via era um homem que andava se contorcendo todo, desordenadamente, e fazendo caretas terríveis. No começo, nós, crianças, até tínhamos um pouco de medo dele. Mas quando percebemos que a molecada da rua caçoava dele e o arremedava sem dó, chamando-o de "Último pedaço", acabamos sentindo muita pena daquele infeliz que, doente como era, se defendia como podia, expondo-se às zombarias e maldades, daquele jeito...

"Rópa velha, sapato velho, compra-vende!" — esse era outro pregão, o do "russo da prestação", que vinha carregando uma mala maior que ele, repleta, é claro, de... roupas velhas e sapatos velhos. Velharias que ele comprava, consertava e vendia de novo, com um pequeno lucro, em sofridas — tanto para ele como para o "ferguêis" — prestações. Esse russo era na realidade judeu, talvez da Polônia ou da Bessarábia, mas para o pessoalzinho da Rua Jaguaribe os conceitos de nacionalidade eram no mínimo nebulosos. Tanto que o sírio era "turco", nós eramos "alemães", o homem da prestação era "russo", e assim por diante.

ESSAS ERAM DE MODO GERAL coisas alegres e pitorescas e, para mim, muito curiosas e interessantes. Como eram curiosas algumas outras coisas. Curiosas, mas desagradáveis e mesmo assustadoras, que aconteciam na Rua Jaguaribe. Uma delas era a "carrocinha", aquela viatura municipal, com os homens que caçavam a laço os cães vadios das ruas de São Paulo. Quando chegava a tal da carrocinha, com os "vilões" laçadores, era um alvoroço geral. Todas as crianças — tanto os "moleques" como os "meninos-família" — tomavam o partido dos cachorros e faziam o possível para livrar os bichos da sanha dos seus perseguidores. E realmente dava pena ver um cachorrinho vira-lata, ou mesmo um cachorrão, apanhado no laço e metido à força, ganindo e se debatendo, atrás das grades daquela jaula sobre rodas. Parecia até que pressentiam o destino que os aguardava: virar sabão... Nós, que convivemos com uma cachorrinha dentro de casa desde que nascemos, e que viríamos a ter muitos bichinhos de estimação, cachorros e outros, sofríamos demais vendo aquilo. A gente chegava a chorar e a perder o sono depois de presenciar, impotentes, uma daquelas caçadas...

Outra coisa que eu vi pela primeira vez na Rua Jaguaribe e que me assustou muito — tanto que demorei bastante para assimilar e "metabolizar", mas não esquecer, aquela impressão — foi no sábado de aleluia de 1930 o "alegre" ritual da malhação de Judas. Alegre lá para aqueles moleques, que pulavam e ululavam como uns canibais desenfreados — pelo menos era o que me parecia — enquanto massacravam com paus e pedras um espantalho de forma humana, que acabavam enforcando num poste e "queimando vivo" diante dos meus olhos horrorizados. Para mim aquilo não era uma brincadeira, era, isso sim, um linchamento, um *pogrom* — simbólico, mas linchamento. Naquele dia, eu nem sabia do que se tratava. Mas hoje, sabendo, continuo achando que aquela é uma "tradição" horrorosa, que bem merece morrer e ser esquecida...

E, falando em tradição, em junho do mesmo ano tive a minha primeira impressão das festas juninas brasileiras. Eu já sabia a que se referiam essas festas: em Riga, o dia de São João acontecia bem no meio das nossas férias de verão à beira-mar. Era um dia de festividades folclóricas, comemorado com danças e cantorias, lindos trajes típicos, e o ponto alto eram os barris de piche chamejante beirando quilômetros de praia e iluminando as lindas noites estivais. Já aqui, na Rua Jaguaribe, tomamos conhecimento dos foguetes, bombinhas, rojões, fogos de artifício, trajes caipiras, cantigas e quadrilhas, pinhões e quentões, e também dos balões — novidade nunca vista — e até fogueiras. Era barulhento, mas alegre, bonito, cordial e divertido — disso nós gostamos muito.

A RUA JAGUARIBE começava a poucos metros do nosso sobradinho, saindo do Largo do Arouche. O Largo do Arouche, naquele tempo, era uma bela praça pública, toda arborizada, e parecia muito maior que agora, porque não estava tão "urbanizada", nem cercada e abafada pelos prédios altos, nem era cortada por vias elevadas, cruzamentos de automóveis ou "minhocões" de qualquer espécie. E para mim, pequena que eu era, parecia maior ainda. Quanta coisa naquele espaço enorme! Tudo me interessava, me chamava a atenção, me estimulava a imaginação.

Já havia muitas lojas, sendo que a mais fascinante para mim era uma, chamada "A Nordestina" — um nome que não me dizia nada —, que vendia as coisas mais estranhas e curiosas. Por exemplo, redes de "se embalançar", muito diferentes dos *gamaks* meus conhecidos, que eram feitos de cordas trançadas, com nós, como redes de pesca, e tinham "cabeças" de madeira, como cabides, que as deixavam esticadas. Já as brasileiras eram de pano rústico, inteiriço, brancas ou coloridas, sem "cabeças" e enfeitadas com lindas franjas rendadas. Havia chapéus de couro, de aba virada para cima, com tachas e enfeites metálicos diversos, alguns até, para grande surpresa minha, em forma de estrela de seis pontas, que eu conhecia como "escudo de Davi", mas que aqui chamavam de "signo Salomão". Havia rendas caprichosas, blusas bordadas, bonequinhos folclóricos de barro, em forma de bichos e gentes. E também arcos e flechas, cocares de penas coloridas, coisas de índios, e facões "peixeiras", um sem-número de artigos exóticos, folclóricos e estranhos. Eu ainda não sabia nada sobre o Nordeste, cangaceiros, jagunços, coronéis, Lampiões e outros Coriscos. E, se soubesse, ficaria ainda mais estimulada, só de imaginar tanta coisa romântica e emocionante, tantas aventuras, só comparáveis às histórias dos meus livros, e que eu iria encontrar mais tarde na "literatura de cordel" nordestina e nos bons escritores daquelas bandas.

Havia ali também uma grande loja de louças e ferragens, chamada Casa Excelsior, onde eu gostava de "inspecionar" a enorme quantidade de mercadorias, das mais variadas e diversificadas. Além das louças, cristais, baixelas, talheres, cutelarias, ferramentas em geral, havia utensílios de cozinha que eu não conhecia. Não creio que pelo menos alguns deles não existissem lá em Riga, mas nas cozinhas das tias, da vovó, na nossa própria, não havia, por exemplo, panelas de alumínio: eram todas de ferro, ou de cobre, e o alumínio, que eu achava lindo, era novidade para mim. Como era novidade também o "rodo", que me pareceu uma invenção genial, ou mesmo as latas de lixo de diversos tamanhos e cores. Não sei como dispunham do lixo doméstico lá em Riga, provavelmente era incinerado no próprio prédio — mas lata na calçada, isso eu nunca vira.

Tanto que eu achava muito engraçada a expressão "vira-lata" para designar cachorro sem dono: nós os chamávamos, mal traduzindo, de cães "rueiros".

POUCO DEPOIS da nossa chegada, abriu-se na esquina do Largo do Arouche com a Rua do Arouche uma padaria "de luxo", chamada "Nosso Pão", e valia a pena ir lá, ficar na calçada, só para sentir o maravilhoso perfume do pão fresco e, naturalmente, dos doces. Doces especiais, caríssimos. Custavam quatrocentos réis cada um, quando os doces "normais" custavam uma quarta parte: um tostão, ou cem réis, a menor das moedas em circulação, e que comprava cinco balas; ou no máximo duzentão, duzentos réis.

Duzentão era também o preço de uma passagem de bonde, na primeira classe, isto é, no carro principal, onde não era permitido entrar sem paletó e gravata, por muito calor que fizesse! Mas havia o carro-reboque, segunda classe, usado pelos operários e gente pobre em geral, cuja passagem custava só um tostão, e onde se podia entrar em mangas de camisa ou até de macacão de trabalho.

Os bondes, aliás, eram também muito interessantes, especialmente os abertos. O bonde fechado, chamado "camarão" por causa da sua cor vermelha, era parecido com o de Riga. Mas o bonde aberto era outra novidade tropical, impensável no inverno riguense. E ver os "pingentes" viajando no estribo, ou pessoas tomando o bonde andando e saltando dele também em movimento, era divertido e dava uma certa inveja, vontade de fazer o mesmo. Os bondes eram interessantes também por causa da propaganda que levavam — oficial e comercial. "São Paulo é o maior centro industrial da América do Sul", era a frase que aparecia do lado de fora. E, dentro, havia cartazes e anúncios coloridos, que ficaram "clássicos", como o famoso versinho do Rhum Creosotado: "Veja ilustre passageiro/O belo tipo faceiro/Que o senhor tem a seu lado/E no entanto acredite/Quase morreu de bronquite/Salvou-o o Rhum Creosotado". Ou o cartaz representando só um olho enorme, com o aviso: "Assim como me vês, são vistos todos os anúncios deste bonde".

De alguns anúncios, em cartazes nos bondes e na Rua Jaguaribe e Largo do Arouche, eu me lembro muito bem. Havia o da Lugolina, acho que era um sabonete, ou creme, que mostrava as cabeças de quatro moças, formando com os lábios as vogais da marca comercial, cada uma representando uma sílaba: "Lu-Go-Li-Na". Havia o do Xarope São João, que acho que ainda existe: um homem amordaçado, de olhos arregalados, tentando desesperado arrancar a mordaça, e as palavras: "Larga-me, deixa-me gritar Xarope São João!" E o anúncio do Elixir Dória, com a cabeça do homem de cuja boca escancarada se projetavam os chifres de um boi, dando sutilmente a entender que quem tomasse o Elixir Dória podia engolir um boi, impunemente. E também um cartaz, todo dramático, que mostrava um homem tentando suicidar-se com uma garrucha, enquanto outro segurava a sua mão, dizendo: "Não faça isso, já existe o Elixir 914!" 914 era o número que designava, internacionalmente, uma doença venérea muito temida, a sífilis — que agora, felizmente, com os antibióticos, já está sob controle, mas na época era "vergonhosa" e, em certo estágio, mesmo incurável. E havia o anúncio do Biotônico Fontoura — "O mais completo fortificante" —, ao qual, aliás, eu devo uma das minhas primeiras leituras em português: o *Almanaque do Biotônico Fontoura*, publicado pelo Laboratório Fontoura e Serpe, recheado, como convém a um almanaque, de coisas interessantes e informações curiosas sobre esse Brasil, ainda tão desconhecido para mim. Por seu intermédio, tive o meu primeiro contato com Monteiro Lobato, através da história de Jeca Tatuzinho, a quem conheci ainda antes de ler as histórias do Sítio do Picapau Amarelo, que iriam ter uma enorme importância na minha vida anos mais tarde.

E, muito importante também, havia o cinema do Largo do Arouche, o Cine Coliseu, uma sala popular, onde as pessoas iam levando bebês de colo, mamadeiras e sacos de amendoim. Não havia limite de idade para as crianças, e meu mano e eu podíamos assistir a qualquer filme naquele cinema, sem interferência de nenhum juizado de menores se intrometendo no pátrio poder dos adultos. O ambiente lá dentro era animado, criancinhas choravam, as pessoas fumavam e comiam amendoim, jogando as cascas em qualquer lugar, até do alto do balcão nas cabeças da plateia. E a gente se divertia à beça. Assistimos ali a toda sorte de filmes, ainda mudos: desde os de Charlie Chaplin, que aqui chamavam "Carlitos", até os do galã Rodolfo Valentino, o maior ídolo da época. Chegamos mesmo a ver o nada infantil e famoso *Sem novidade no front*, contundente relato, verdadeiro libelo, sobre a Grande Guerra de 1914-1918, que não era chamada a Primeira, porque a Segunda, infelizmente, ainda estava por acontecer.

Mas o principal acontecimento do Largo do Arouche era, aos sábados, a feira livre, onde mamãe fazia as compras da semana para a nossa família, que não era pequena: papai e mamãe, nós três, crianças, uma empregadinha diarista e três rapazes, os inquilinos, para quem mamãe dava pensão. E sobre os quais, a propósito, tenho alguns casos curiosos para contar, mais adiante.

A feira era um deslumbramento: a gente nunca antes tinha visto tamanha quantidade de frutas de todas as cores, feitios, tamanhos e perfumes, tão raras, tão estranhas! Quantos tipos de peixes, camarões, lulas, frutos do mar! E bancas de laticínios, de frios, até de sapatos, ou melhor, tamancos e sandálias baratas, e roupas, numa fartura descomunal, a preços baixíssimos. Mamãe vivia espantada com o quanto era barata a vida no Brasil, naquela época, em plena crise que se seguiu ao *crash* da Bolsa de Nova

York, em 1929, que abalou o mundo inteiro e provocou a "queda" do café também no Brasil. E hoje eu penso que, se mamãe achava a vida, principalmente a comida, tão barata, naqueles nossos primeiros tempos de imigrantes, quando ainda estávamos bem pobres, mal e mal ganhando o suficiente para manter a casa, era porque realmente ninguém passava fome, pelo menos em São Paulo. Aliás, as expressões "passar a pão e laranja", ou "a preço de banana", que se referiam à extrema pobreza ou então ao superbarato, me soavam absurdas: banana e laranja eram para mim nada menos que alimentos de luxo, coisa de ricaço. A expressão que eu conhecia, para designar miséria, era "passar a crosta de pão e água"...

O fato é que mamãe voltava da feira do Largo do Arouche com duas ou mesmo três cestas enormes, transbordando de frutas, legumes, verduras, peixes, queijos e outras delícias, cestas trazidas até a nossa casa por garotos carregadores, que as levavam na cabeça mesmo, já que não havia carrinhos de feira. E acompanhar a mamãe à feira era a maior das curtições: ver aquelas bancas coloridas, ouvir a gritaria dos feirantes oferecendo e elogiando os seus produtos, assistir às longas sessões de pechincha e regateio, nos quais a mamãe era mestra exímia — que pitoresco divertimento!

E depois, saborear os pratos gostosos que a mamãe preparava, grande cozinheira que era, em que pese a sua profissão liberal de cirurgiã-dentista! E pensar que, nos primeiros tempos, nossos pais não tinham dinheiro nem para comprar um fogão: mamãe cozinhava acocorada diante de um primitivo fogareiro a carvão, feito com uma lata de querosene e alguns tijolos — e disso eu tenho até fotografia, tirada por um dos nossos inquilinos, que não me deixa mentir...

Foram tempos difíceis, aqueles, mas cheios de coragem e esperança. Mamãe jamais perdia o bom humor e não deixava que papai desanimasse, por não conseguir, durante um longo período de tempo, arranjar trabalho adequado. Ele acabaria encontrando representações de várias firmas norte-americanas, para vender, a casas comerciais, laboratórios, oficinas, etc., coisas como ervas farmacêuticas, produtos químicos, peças de refrigeração e, mais tarde, celulose para fábricas de papel. Mas enquanto não aparecia esse trabalho papai produzia em casa mesmo... pérolas artificiais. Isso mesmo, pérolas de imitação, tipo "Maiorca", que ele fabricava, banhando contas de vidro num produto que, precavidamente, trouxera da Europa. Era um líquido nacarado, chamado, em alemão, *fischsilberwasser* — "água de prata de peixe" —, feito, imaginava eu, com as escamas de um certo peixe, não sei qual. Mas ainda guardo um caderno, no qual está registrada, com a letra de papai, a "receita" para a preparação daquele líquido e a fabricação daquelas pérolas. Bonitas, vistosas e duráveis, ele as vendia para algumas lojas, e ia se defendendo com essa "microempresa" doméstica, para grande alegria nossa, das crianças, que sempre acabávamos herdando algumas pérolas defeituosas para brincar...

Mᴀs ᴀɢᴏʀᴀ ǫᴜᴇʀᴏ ᴄᴏɴᴛᴀʀ alguns "causos" acontecidos com os nossos inquilinos. Um deles era casado e deixara para trás, em Riga mesmo, a mulher e dois filhos pequenos, para tentar arrumar a vida no Brasil e mandar buscá-los depois, se tudo desse certo. Não deu, ou ele não aguentou a mudança e a saudade, e voltou para a Letônia — só para morrer assassinado, alguns anos depois, pelos nazistas, junto com toda a família. Mas isso nós não podíamos prever, e gostávamos do senhor Berel, aquele homenzinho franzino, um tanto frágil e melancólico, sempre falando da sua saudade da família.

Os outros dois, Sam e Cris, eram mais moços que o senhor Berel, e solteiros. Como nós, vieram ao Brasil para tentar a sorte num país novo, cheios de ânimo e disposição nos seus vinte e poucos anos de idade. Sam era um rapagão moreno como um cigano, musculoso e espadaúdo, sempre bem-disposto, sempre pronto para um gracejo, dono de um senso de humor inesgotável. Ele nos fazia rolar de rir, quando imitava a mamãe mandando a gente "lavar os joelhos e ir para a cama" — ainda não havíamos adquirido o estranho hábito brasileiro de tomar banho de corpo inteiro, todo santo dia… Ou, então, tentando convencer o meu enfastiado irmão do meio a comer o que não queria, e que era quase tudo. Ele brincava muito conosco, e nós, crianças, vivíamos dependurados nesse "Samuca". Sam terminara só o curso secundário na Letônia, e não tinha profissão definida. Mas era o tipo do pau-pra-toda-obra, jeitoso com tudo quanto era mecânica e eletricidade, e logo arranjou emprego nas obras, ainda em fase de acabamento, do prédio Martinelli, o primeiro arranha-céu da América Latina, como eletricista na instalação dos elevadores.

O terceiro inquilino, Cris, largou no meio o curso universitário para se mandar para o Brasil, com a roupa do corpo e o seu inseparável violino. Cris estudara música desde menino, e tocava lindas árias e melodias nostálgicas nas suas horas de folga. Não sei que tipo de trabalho ele arrumara para sobreviver, só sei que, quando voltava no fim da tarde, ia logo fazer sua música, para grande prazer de todos nós. Não sei o que foi feito dele, depois que saiu da nossa casa: se ficou no Brasil ou voltou para a Europa. Ele sumiu da nossa vida e nunca mais soubemos dele. Mas enquanto ele ficou conosco foi muito bom, ele era boa companhia e a gente tinha orgulho de ter um violinista de verdade dentro da nossa própria casa.

UM BELO DIA, o Samuca não voltou para casa. Ninguém se preocupou, afinal de contas ele era maior de idade, vacinado e dono do seu nariz: se resolveu passar uma noite fora, ninguém tinha nada com isso. Mas no dia seguinte ele ainda não voltou, e no terceiro, tampouco. E não telefonou nem deu qualquer sinal de vida. Papai e mamãe, e os dois inquilinos, começaram a ficar apreensivos. Papai se pôs em campo à procura do rapaz, telefonou para o pronto-socorro, para a polícia, até para o necrotério, e nada do Samuca, ele sumiu e pronto. Todo mundo estava triste, não sabíamos o que pensar, esperávamos o pior, e passou mais um dia naquela aflição. Até que de repente, no quinto dia, o Samuca apareceu em casa, abatido, andando de um jeito estranho, parecia que estava mancando. Todos voaram pra cima dele, com mil perguntas, onde esteve, o que aconteceu, o que foi, por que não avisou, o que que é isso com a perna, e por aí além. Até que, quando cessou o tumulto, Samuca pôde sentar e contar a sua aventura, bastante incomum, para dizer o mínimo.

Estava ele trabalhando no vigésimo segundo andar do prédio Martinelli, na parte elétrica de um dos elevadores, meio dependurado sobre o poço, como de costume, confiante na sua própria força e equilíbrio, quando se deu o imprevisto: o elevador deu um tranco, e o nosso Samuca simplesmente despencou no poço hiante daquele elevador, da altura de vinte e dois andares!

Não era para ele sair vivo daquele acidente — ou era? Quem sabe o anjo da guarda do Samuca se lembrou dele no último instante? Mas o mais provável é que o que o salvou da morte certa, esborrachado no fundo do poço, foi a sua própria presença de espírito, rapidez de reflexos e simples força muscular.

Contou o Sam que, ao perceber que caía, deu, numa fração de segundo, uma torção violenta no corpo, que o atirou contra a parede do poço relativamente estreito. Bateu na parede, deu mais uma jogada no corpo, caiu mais alguns metros, bateu na parede oposta — e conseguiu agarrar-se com as duas mãos numa saliência, ou barra de ferro, como um trapezista! E lá ficou pendurado, gritando por socorro, até que conseguiram retirá-lo dali. Vivo, mas bastante machucado: naquelas jogadas violentas, ele trincara algumas costelas e deslocara o quadril. E os quatro dias que ficara desaparecido, passara-os internado num hospital, com tantas dores que nem se lembrara de avisar a "família" — que afinal de contas ele nem tinha em São Paulo, embora nós, crianças, o considerássemos pelo menos um tio querido. Samuca sarou, ficou bom de todo: sobrou apenas uma sensibilidade no quadril, de vez em quando ele sentia dores ciáticas, e tinha de tomar cuidado com torções bruscas do corpo, pelo resto da vida.

Um ano depois, Samuca conheceu uma moça e casou-se com ela, na nossa casa mesmo. Não naquele sobradinho, mas já numa casa boa, isolada, de dois andares, na própria Rua Jaguaribe, esquina da Aureliano Coutinho, para onde nos mudamos algum tempo mais tarde. Os noivos eram "pobres-pobres-pobres de marré-marré-marré", mas eram jovens, tinham seus empregos — ela era secretária bilíngue, inglês e alemão, numa firma estrangeira —

e estavam cheios de ânimo e esperança. Então, resolveram enfrentar o futuro juntos, com a cara e a coragem. E, depois da festa de casamento que papai e mamãe lhes ofereceram — modesta, mas muito, muito animada e barulhenta, na qual todos os convidados, como bons russos, comeram e beberam pra valer —, os noivos partiram para a sua lua de mel, que consistiu de uma sensacional viagem circular, de bonde aberto, numa alegre volta turística pela cidade de São Paulo.

$\mathcal{M}$AS ANTES DISSO aconteceram, ainda lá no sobradinho, alguns casos pitorescos com a nossa mamãe-
-dentista e seus inquilinos.

Mais cedo ou mais tarde, quase todo o mundo tem uma dor de dente, não é mesmo? Daí, chegou a vez do senhor Berel. Ele negligenciara muito a sua boca — de medo de dentista mesmo — e, quando aquele bendito molar resolveu desandar em dores insuportáveis, o pobre senhor Berel, de cara inchada e olhos lacrimejando, não teve remédio senão recorrer à mamãe. A doutora mamãe examinou o dente, fez o diagnóstico e exarou a sentença final: extração inapelável daquele irrecuperável molar.

O senhor Berel ficou lívido, tanto mais porque mamãe lhe explicou que naquele caso não seria possível fazer anestesia: o dente estava cheio de pus, e uma injeção naquele tecido infectado não só teria pouco efeito, como poderia espalhar a infecção e provocar uma septicemia. E septicemia, naquele tempo sem antibióticos, podia ser mortal. Nós mesmos, na própria Rua Jaguaribe, chegamos a perder um amiguinho, de treze anos de idade, que morreu de uma septicemia provocada por um dente malcuidado. Não, ele não fora cliente da mamãe, morava em outro bairro. Mamãe felizmente nunca perdeu um cliente, apesar de ter tido alguns casos bem difíceis e perigosos, entre os quais um rapaz hemofílico, para quem qualquer ferimento na gengiva, por mínimo que fosse, podia resultar numa hemorragia talvez inestancável. Todo o mundo deu graças a Deus quando ela terminou o tratamento desse moço...

Mas o caso é que o senhor Berel teria de se submeter à extração "a frio", sem qualquer anestesia. E, se o dente já doía tanto sozinho, é fácil imaginar quanto doeria aquela operação. Com lágrimas nos olhos, o frágil senhor Berel avisou: "Eu vou gritar, doutora!" E mamãe lhe disse, com uma pontinha de humor negro: "Pode gritar, mas grite baixo, senão os vizinhos chamam a polícia, pensando que alguém está sendo massacrado".

Aí o Samuca, que estava presente, interveio com uma solução à moda dele: "O Berel não só vai gritar muito, como ainda vai espernear, é capaz até de chutar a doutora. Então proponho o seguinte: eu seguro os braços do Berel por trás, pra ele não se debater, e o senhor (para o papai) senta-se nos pés dele, para impedir os chutes. E o Cris pega o violino e toca uma música bem forte, bem alto, mas alto mesmo, para cobrir os berros do Berel, enquanto a doutora faz o seu serviço, rápido e eficiente como de costume. Não serão necessários mais que dois ou três berros. Você concorda, Berel?"

O infeliz paciente, que remédio, concordou. E tudo foi feito, seguindo à risca o plano estratégico do Samuca. Foi uma cena digna de comédia de pastelão, daquelas do cinema mudo — só que não era muda. Eu e o mano assistimos ao espetáculo por cima do tabique do consultório, e não conseguimos conter o riso, apesar de toda a pena que tivemos do pobre senhor Berel. Que por sinal só precisou soltar um único berro — mas daqueles bons! Mamãe era eficiente mesmo.

Por uma ironia do destino maroto, poucos meses depois o próprio Samuca passou por experiência quase idêntica: um molar infeccionado, abscesso, bochecha inchada, dores cruciais e, como consequência, extração urgente, sem anestesia. Mas o valente Samuca não precisou ser contido — aliás, ninguém teria forças para segurá-lo — e dispensou também o acompanhamento musical. Na hora agá, ele aguentou estoicamente a dor momentânea mas lancinante da extração, ficou firme, não se mexeu, não deu um pio nem soltou um ai. Mas, quando a mamãe terminou a rápida e dramática operação e mostrou, nas duas mãos que precisou usar, o boticão com o sangrento troféu arrancado, o pobre Samuca só fez escorregar lentamente da cadeira de dentista para o chão, onde ficou sentado, balançando o corpo, "de luto pelo molar imolado", segundo a sua própria explicação.

CERTO DIA, PAPAI apareceu em casa com uma novidade: era um rádio, um daqueles aparelhos modelo "capelinha", de mesa, que imediata e solenemente foi instalado em lugar de honra, num canto da sala. Maravilha! Quanta alegria, quanta distração, quanta informação útil e importante nos trouxe aquela caixinha sonora! Com o rádio, aprendemos muito português, ouvimos notícias, e — o mais importante — entramos em contato com a música brasileira, em especial a popular, para nós totalmente desconhecida.

Era toda uma revelação de ritmos e melodias, toda uma riqueza de sons desusados, alegres e tristonhos, sentimentais e buliçosos, estranhos e bonitos. Eram sambas, chorinhos, marchinhas e modinhas de carnaval. Eram valsas e canções românticas, que lembravam as russas; e canções folclóricas, de um folclore todo exótico, indígena e afro-brasileiro. Eram músicas caipiras, emboladas e toadas. E sátira política de mistura com *jazz*, *fox-trot*, *charleston* e tango argentino — uma verdadeira cornucópia de novidades musicais!

    Papai, com faro certeiro, se encantou logo com as músicas brejeiras cantadas com graça maliciosa por uma certa Carmen Miranda. Eu me emocionei com as canções sentimentais de Orlando Silva e as serestas de Sílvio Caldas, e com lindas cantigas, sertanejas, como *Luar do sertão*, *Aqueles olhos verdes*, *A casinha pequenina*... Meu irmão se empolgava com o folclore nordestino, melodioso e misterioso, canções como *Foi boto, sinhô*, *Cobra grande*, e outras, como *Na serra da Mantiqueira*, *Meu limão, meu limoeiro*, cantadas por Gastão Formenti e Jorge Fernandes... E havia as modinhas políticas, *Seu Julinho vem*, sobre Júlio Prestes, e *João Pessoa, João Pessoa*, sobre o assassinato desse político, lá na Paraíba... Só que a gente nem sabia do que se tratava, na época. Outra música que eu só fui entender anos depois dizia: "Ai, cadê Viramundo, pemba, foi no terreiro, pemba, o seu cambono, pemba..." Pemba, palavra estranha. O que poderia ser isso? Nem parecia português... O que é que eu podia saber sobre umbanda ou candomblé, naquele tempo? Nada de nada de coisa nenhuma. Mas tudo era interessante, intrigante, curioso, bonito, emocionante.

    Até hoje gosto de rádio. O rádio foi muito importante nos nossos primeiros anos de Brasil, quando vivíamos ainda muito isolados. Era divertido, instrutivo, alegre — e nos fazia companhia quando companhia era o que mais nos fazia falta.

AINDA EM 1930, mudamo-nos para a casa na esquina da mesma Rua Jaguaribe com a Rua Aureliano Coutinho, onde hoje se ergue um prédio de apartamentos, e lá ficamos até fins de 1933. Não foi uma simples mudança de residência, foi mais como uma mudança de *status*. A nova casa era muito maior que a primeira, isolada, com um bom quintal e um simpático jardinzinho na frente, e uma frondosa "primavera", buganvília coberta de flores cor de púrpura, no portão. Dois andares, três bons dormitórios e banheiro em cima, duas boas salas, cozinha espaçosa, quarto de empregada, banheiro, lavabo — confortos inusitados depois do apertado sobradinho.

O gabinete dentário de mamãe ficou bem instalado e eu ganhei uma cama só para mim, no quarto maior, junto com os irmãos. Mamãe e papai ficaram no outro, e no terceiro ficaram os inquilinos. Melhorou tudo, e os vizinhos eram outros — só que os garotos da rua eram os mesmos, acrescidos de mais alguns. A molecada continuou a nos azucrinar, e nós nunca chegamos a fazer realmente as pazes com eles. Eles nos antagonizavam, e eu não entendia por que motivo. Hoje, acho que era não só porque nós éramos "os estrangeiros", mas também porque eles nos percebiam vagamente como pertencendo a uma outra categoria social. Mesmo sem se darem conta disso, achavam que nós éramos "burgueses", "filhinhos de papai", ou coisa que o valha — na opinião lá deles. Éramos "diferentes", e eles não podiam entender nem perdoar isso.

No entanto, em alguns momentos, eu e meu irmão sentíamos até uma certa inveja daqueles garotos que podiam andar descalços e usar roupas velhas e meio maltrapilhas, mas cômodas, que aparentemente podiam sujar e rasgar à vontade. Meu irmão até chorava toda vez que lhe punham uma roupa recém-lavada, nova nem se fala, porque tinha de tomar cuidado para não sujá-la ou rasgá-la, essas amolações. Já os meninos da rua podiam brincar na chuva e até "nadar" na enxurrada que às vezes se formava, transbordando da sarjeta, em dias de chuva torrencial, a chuva tropical de que eu só ouvira falar ou lera nos livros. Nós, nem pensar numa temeridade dessas: e o perigo da pneumonia?

Por isso mesmo, anos mais tarde, os meus filhos sempre puderam tomar banho de chuva à vontade, nunca os impedi, antes pelo contrário...

Outra coisa que nos causava inveja eram os carrinhos rústicos, feitos de tábuas e rolimãs, que aqueles garotos fabricavam para si mesmos, e com os quais apostavam corridas vertiginosas ladeira abaixo, corridas até perigosas de verdade: um deles, certa vez, se feriu gravemente numa das tais apostas de corrida. O que não nos impediu de cobiçar um carrinho daqueles, que parecia uma espécie de trenó de rodinhas...

NA ESQUINA EM FRENTE da nossa havia uma casa grande, ou melhor, um palacete: aquele ponto já era quase em Higienópolis, bairro de gente abastada. O palacete era grande mesmo, elegante, cercado por amplo jardim, e tinha garagem com um imponente carrão. Naquele tempo não havia muitos automóveis em São Paulo, eram todos importados e só gente de posses podia se permitir tamanho luxo. Na Rua Jaguaribe, então, acho que aquela era a única casa com automóvel, e não eram só os molequinhos maltrapilhos, mas também nós mesmos, que admirávamos o carrão dos vizinhos ricos com olhos deslumbrados.

Havia duas crianças naquela casa, uma menina e um menino, mais ou menos da nossa idade. Eram levados e trazidos da escola pelo motorista uniformizado, o suprasumo da opulência. Às vezes, os dois brincavam no jardim, sempre muito bem-arrumados, impecavelmente limpos, cabelos penteados, meias brancas, sapatos lustrosos. Nós e eles nos olhávamos e examinávamos através das grades do jardim do palacete, mas não nos falávamos nunca. Acho até que eles estavam proibidos de conversar, fosse com os estrangeiros, que éramos nós, fosse com os garotos "plebeus" e boquirrotos da rua. Nunca soubemos sequer o nome deles. Mas desconfio que eles, à sua maneira, invejavam a nossa — relativa — liberdade, e a liberdade muito maior da molecada solta na rua. Estes, por sua vez, invejavam as roupas bonitas e principalmente o automóvel deles. Enquanto nós, meu irmão e eu, invejávamos alternadamente o automóvel dos vizinhos ricos (mas presos atrás das grades do jardim) e a vida aparentemente sem qualquer controle dos meninos da rua.

Como se vê, entre as crianças da Rua Jaguaribe percebiam-se três classes sociais bem delineadas e separadas até por uma latente animosidade: os (poucos) meninos "bem", paulistanos antigos — que provavelmente hoje seriam chamados de grã-finos; os (também poucos) estrangeiros, da *intelligentsia* europeia, como nós; e os meninos da rua, da classe média baixa, ou mesmo "proletária", mais ou menos pobres, brancos, negros, morenos, muitos deles filhos de imigrantes italianos, sírios, alemães. Naqueles primeiros anos, nossos caminhos se cruzaram, para logo depois se separarem. Perdemo-los de vista para sempre, quando saímos da Rua Jaguaribe.

Lembro-me de mais alguns vizinhos que, por um motivo ou outro, eu achava interessantes. Por exemplo, um casal de imigrantes alemães, de meia-idade, que viviam sozinhos numa das pequenas casas geminadas do outro lado da rua. Ao que parecia, eles não tinham mais ninguém a não ser um ao outro — nunca vimos alguém entrando ou saindo daquela casa. Mas um dia mamãe ouviu o som de um piano bem tocado escapando pela janela, e teve a ideia de indagar da senhora se ela não gostaria de dar aulas de piano aos filhos dela, mamãe. E foi assim que eu comecei — ou melhor, continuei, porque já tivera um princípio de piano ainda em Riga — a ter aulas de música na própria Rua Jaguaribe. Era só atravessar a rua, e retomar o meu método Czerny, e o meu "C-D-E-F-G-A-H", que era como eu conhecia a escala musical, em vez de Dó-Ré-Mi-Fá-Sol-Lá-Si. Gostei daquelas aulas, só que elas duraram pouco, em parte porque a boa professora ficava tão encantada por nos ter ali, a mim e ao meu irmão, que passava a maior parte do tempo conversando e paparicando a gente, enchendo-nos de balas e frutas e chocolates, e a música propriamente dita não rendia muito...

Outra vizinhança curiosa, também na calçada fronteira à nossa, era a de duas moças que eu achava lindas demais. Volta e meia elas apareciam na janela que dava para a rua, muito enfeitadas e maquiadas — "produzidíssimas", como se diz agora —, cordiais e sorridentes de chamar atenção. Ao contrário do casal alemão, elas recebiam muitas visitas, todos os dias, especialmente no fim da tarde e à noite, e eram sempre cavalheiros, moços e senhores de idades diversas. Eu as achava simpáticas, achava natural que elas tivessem tantos amigos, e só não entendia por que os adultos sorriam e trocavam olhares "impróprios para crianças" quando se referiam àquelas bonitas vizinhas...

𝒜PROXIMAVA-SE o começo do ano letivo de 1930, e chegou a hora de nós dois maiores irmos à escola. Papai e mamãe pensaram, ponderaram, se aconselharam com alguns amigos, e chegaram à conclusão de que seria melhor, para facilitar a transição e suavizar o "choque cultural" que já nos machucava tanto, que nós começássemos a frequentar uma escola de língua conhecida. E, como não havia escola russa, decidiram-se por uma escola alemã, considerada muito boa. Era escola particular, cara — mas nada era caro demais para os nossos pais, quando se tratava de alimentação, saúde e educação dos filhos. Podia faltar dinheiro para roupa, sapatos — e durante os primeiros anos faltou mesmo —, mas nunca para comida saudável, o bom médico, a boa escola.

Só que aquela bonita, rica, bem instalada e bem equipada escola não foi nada boa para nós, meu mano e eu. Ela representou mais um dos grandes traumas do nosso primeiro ano em São Paulo, e mesmo de toda a nossa vida de crianças. Não que o ensino lá não fosse bom: era bom, rigoroso, eficiente até demais, e todo ministrado em alemão com, se bem me lembro, algumas aulas de português por semana. Mas o regime era duro, de disciplina rígida, "prussiana" mesmo. Por qualquer deslize, erro ou "pecado" escolar, as meninas levavam a maior descompostura pública e intermináveis tarefas de castigo. Mas era pior com os meninos: as faltas eram punidas — em pleno ano de 1930! — com os "réus" sendo chamados à frente da classe, para receberem... duas bofetadas no rosto, diante de todos os colegas. Plaft! Plaft! Uma bolacha em cada bochecha!

Assisti a algumas cenas dessas — e elas me deixavam simplesmente de cabelos em pé — não por mim, eu até que não tinha queixa, pelo menos dos professores. Eles me tratavam bem, porque eu era aluna aplicada, fazia tudo direitinho, tirava boas notas e tudo. Mas ver o que acontecia com os outros alunos, especialmente os meninos, me horrorizava demais. E eu ficava tensa, preocupada com o meu irmão, de pouco mais de sete anos de idade, à mercê de alguma professora feroz. Ele era magrelo e frágil, tivera escarlatina e coqueluche pouco antes de viajarmos para o Brasil, e ainda não se refizera inteiramente das sequelas e consequências daquelas doenças, e eu o imaginava lá, sozinho numa outra classe, sem a minha proteção. No recreio, nós dois ficávamos sempre juntos, porque queríamos, e porque eu precisava de fato defendê-lo, com unhas e dentes, das zombarias, safanões, empurrões e mesmo pancadas dos outros meninos. Aliás, a lembrança que me ficou daquele pátio de recreio é de uma pancadaria sem fim: os meninos maiores brigavam entre si e batiam nos meninos menores, os pequenos choravam, as meninas também eram briguentas, as grandes batiam nas pequenas, as pequenas choravam... E quanto a mim, caçoavam da minha roupa, provocavam, me insultavam — e eu tinha de me defender dessas agressões, sem descuidar da defesa do meu irmão. O que eu ouvi e aturei de xingamentos e desaforos naquele pátio, só eu sei: cheguei a ser acusada, em altos brados, até de ter crucificado Jesus Cristo... Eu e o mano íamos suportando aquilo, porque não queríamos contar nada aos nossos pais, para não aborrecê-los, eles que já tinham tantos problemas e preocupações.

Essa agonia durou cerca de três meses, que nos pareceram uma eternidade. Mas lá para o fim do trimestre, um dia, na hora do famigerado recreio, meu irmão veio correndo para mim, banhado em lágrimas. Pensei que ele caíra, se machucara, sei lá — mas não, era outra coisa. Aos arrancos, entre soluços, ele me contou que na classe um colega o "dedara" à professora, por estar usando lápis em vez da caneta que esquecera em casa. Por esse crime, a "boa" pedagoga o arrancara do banco e, diante da classe toda, lhe aplicara duas valentes taponas nas bochechas. Maior que a dor das bofetadas foi a dor da ofensa e da humilhação: tais métodos educacionais não faziam parte da nossa experiência. Papai nunca sequer levantava a voz, que dizer a mão. E mamãe, se de vez em quando gritava com a gente, tampouco jamais nos batia, nem mesmo no bumbum, lugar até adequado — no rosto, nem se fala.

Mesmo entre nós dois, meu irmão e eu, tínhamos regras de "ética de briga" bem definidas. Podíamos brigar, mas sem usar palavrões — que aliás nem conhecíamos e só começamos a aprender com os meninos e os muros da Rua Jaguaribe, para depois aperfeiçoarmos esses úteis conhecimentos na escola alemã. E podíamos até chegar às vias de fato, mas sem os "golpes baixos" proibidos, isto é, não era lícito usar "armas", atirar objetos, puxar os cabelos, arranhar, beliscar ou morder. E nunca, jamais, bater no rosto. Isso na nossa casa. Na Rua Jaguaribe e na escola alemã esses "métodos" eram moeda corrente...

Mas voltando aos tabefes na carinha do meu irmão, naquele dia e naquele momento ele me disse: "Nunca mais eu volto para esta escola". Concordei sem hesitar, e só não fomos embora no mesmo instante porque o "segurança" estava olhando, e porque tínhamos de pegar nossas coisas nas respectivas salas de aulas. Mas, chegando em casa, contamos tudo a papai e mamãe, que ficaram simplesmente estarrecidos — jamais eles poderiam imaginar semelhante coisa! E no dia seguinte já não voltamos mais para a escola alemã, da qual nem gosto de me lembrar. Apesar de lá ter lido alguns bons livros, da bem equipada biblioteca escolar, e de ter aprendido mais algumas poesias e canções e histórias heróicas da mitologia germânica, que constituíram afinal o saldo positivo daquela triste experiência.

FOI UM ALÍVIO deixar aquela escola, mas as férias forçadas duraram pouco. A educação não podia parar e, no segundo trimestre daquele ano, já estávamos matriculados em outra escola particular e bastante cara, pelo menos para os nossos recursos: a Escola Americana, anexa ao Mackenzie College. Meu irmão entrou para a primeira série primária, e eu fui parar na terceira, onde fiquei só o segundo trimestre, porque depois das férias de julho "pulei" de ano, alcançando o tempo perdido, e fazendo duas séries em menos de um ano letivo. Não foi muito o tempo de Escola Americana para mim, mas foi ótimo, um verdadeiro paraíso em comparação com a infeliz experiência anterior. O ambiente na Escola Americana era liberal e descontraído, o relacionamento entre alunos e professores era cordial, no recreio as brigas eram raras e, digamos, "civilizadas". Não havia aquela atmosfera hostil, agressiva e preconceituosa da escola alemã. No recreio, brincava-se, fazia-se toda espécie de jogos, barra-manteiga, barra-bol, cabra-cega; as meninas cochichavam entre risadinhas espremidas, como costumam fazer menininhas pré-adolescentes — mas tudo numa boa. E não havia conflito entre meninos e meninas, mesmo porque, se as classes eram mistas, o recreio era separado. Meninas e meninos podiam se encontrar, entretanto — é verdade que sob o olhar atento de uma simpática *chaperonne* (acompanhante) —, no bem fornido bar da escola, que servia lanches, sanduíches, leite, refrigerantes e uma bebida gostosa chamada "chocoleite".

Claro que para mim, ainda "verde", nem tudo, nem sempre, foi fácil e agradável, mesmo nessa escola "risonha e franca". Até conseguir conquistar o meu espaço, me impor de certa forma, demorou bastante. Eu era tímida e estava traumatizada pelo desenraizamento e transplante para um mundo tão diferente do da minha primeira infância. E também pelas "guerras" da Rua Jaguaribe, e agora, na nova escola, pela minha diferença, que eu sentia como inferiorização, em relação às outras meninas, quase todas de famílias abastadas, usando roupas finas e sapatos caros, essas coisas... Muitas vezes eu me senti solitária, isolada, rejeitada — sem violência, sem agressões diretas, sem palavras ásperas —, mas mesmo assim rejeitada, como demonstram alguns incidentes que tiveram lugar durante os meus primeiros meses na Escola Americana.

Mas antes quero contar o susto que eu levei ao ter nas mãos o primeiro livro de leitura do meu irmão, da primeira série, ou classe, como se dizia então. Não me lembro do título do livrinho, acho que era Primeiro livro de leitura mesmo, e nem do nome do autor, mas sei que era de capa dura, cor-de-rosa, e tinha o logotipo de uma editora importante. Logo na primeira página, no alto, a ilustração: uma simpática senhora se debruçava sobre a cama onde dormia um garoto, tocando-lhe no ombro, para acordá-lo. No meio da página, um texto em letra de forma, graúda, contradizia o desenho: "Seis horas. A mamãe vem acordar o Rui, mas já o encontra de pé, pronto para o banho". Até aí, tudo bem, apesar da contradição. O susto foi por causa do rodapé da página, separado, em cursivo, com esta frase edificante: "Fruta de manhã é ouro, ao meio-dia é prata, de noite mata". Eu, que adoro frutas, fiquei chocada: como era possível um livro didático, para crianças pequenas, veicular uma superstição tola e absurda como essa, pensei comigo. Foi um desapontamento, mas serviu para me ensinar que nem tudo o que está impresso em jornal, revista, ou mesmo livro escolar é para ser acreditado sem mais nem menos. E apressei-me a explicar ao irmãozinho que aquilo era uma "ignorância", e que fruta era bom de manhã, de tarde e à noite. E até nos intervalos.

De resto, eu não precisava mais me preocupar com o mano. Só precisava levá-lo pela mão, para atravessar algumas ruas até chegar à escola. Íamos sozinhos, a pé. Da nossa casa até a escola eram poucas quadras: Rua Jaguaribe, Dona Veridiana (aquela da roda da Santa Casa), pela mesma calçada. Depois, atravessar a Avenida Higienópolis, depois a Rua Itambé até a esquina da Piauí e, pronto, chegamos. Uma vez entregue o irmão no saguão da escola, eu podia ficar sossegada até a hora de voltar para casa, pelo mesmo caminho: eu sabia que aqui não precisava defendê-lo contra agressões de qualquer espécie. (E chegaria o dia em que ele é que me defenderia, forçudo e bonitão que ficou, na adolescência, alguns anos mais tarde.)

Tranquilizada, tratei de cuidar da minha vida. Eu precisava aprender português, com urgência. Felizmente, todas as aulas eram dadas em português, com algumas aulas de inglês por semana. Achei inglês fácil, porque tinha muita coisa parecida com o alemão, que eu falava bem. E quanto ao português, eu tinha a maior gana de aprender depressa.

Mas, como já disse, nem tudo correu sem problemas. Logo nos primeiros dias, aconteceu uma coisa importante: a professora me chamou para ler um trecho do livro. Eu tinha pouca noção do idioma, e lia com sotaque russo, do qual fazia parte não perceber a diferença entre vogais abertas e fechadas, o que fazia a classe inteira se divertir à minha custa. Mas, mesmo trocando os *ôs* pelos *ós* e os *ês* pelos *és*, eu lia com um desembaraço e uma rapidez bem maiores que os dos colegas, por causa do meu hábito de leitura. E ainda por cima, eu lia o texto "com expressão", como me ensinaram papai e mamãe, e mesmo a escola de Riga. Porém não era o que se usava aqui, e a criançada logo achou que eu era "exibida", queria me mostrar, agradar à professora, sei lá, e isto não era bem-visto. Mas o pior foi quando eu li uma palavra cujo significado eu não sabia, uma palavra até comum: telhado. Quando, com toda a simplicidade, perguntei à professora o que era "tél-hado", foi aquela gargalhada na classe: a estrangeira exibida não sabe nem o que é telhado, e fica se metendo a sebo! Gozaram da minha cara durante um bom tempo — criança pode ser bem malvadinha; e eu, magoada, aguentando firme. Até que cheguei à tal "última gota" — a mágoa virou raiva e tomei a firme decisão de mostrar-lhes do que era capaz.

Resultado: se no primeiro trimestre eu não sabia nem o que era telhado, em compensação, no segundo, tive nota dez redonda... em português. Primeira da classe! E com a "agravante" de ter escrito uma redação (chamava-se "composição") que não só teve nota dez, mas que, mais ainda do que ir para o mostrador na classe, foi parar no "Quadro de Honra" no saguão, onde toda a escola podia vê-la.

Pra quê! Aquela composição era tarefa de casa, e a turma toda reclamou, dizendo que aquilo não era possível, que alguém, meu pai ou minha mãe, tinha feito o trabalho por mim. Não adiantou eu afirmar, ofendidíssima, que papai e mamãe jamais fariam uma coisa desonesta dessas, mesmo que soubessem muito português — o que evidentemente não era o caso. Os coleguinhas tanto fizeram, pondo em dúvida a minha capacidade de escrever sozinha, que a professora, por sugestão de alguns deles — os "melhores" da turma —, resolveu pôr as coisas em pratos limpos. Isto é, dar um tema para redação em classe, na hora, para a classe inteira. E o tema que ela deu — não poderia esquecê-lo — era "A estouvada". Eu não sabia o que queria dizer essa palavra, mas, por timidez ou orgulho, não tive coragem de perguntar. Por sorte minha, ninguém, mas ninguém mesmo, na classe, tampouco conhecia essa estranha palavra, ao que parece já então em desuso na linguagem corrente, e a professora, percebendo a perplexidade geral, acabou explicando, mais ou menos, o seu significado.

Acontece porém que, decerto por causa do conceito novo com o qual não estavam familiarizados, os alunos todos não se saíram bem naquela redação, mesmo os tais melhores não passaram de "regular" — eu, inclusive. Mesmo assim, não fui pior que ninguém, e o assunto ficou encerrado duma vez por todas. Só que até hoje me restou uma dúvida daquele incidente: fiquei sem saber se a professora propôs aquele trabalho coletivo, em classe, a fim de realmente me pôr à prova, ou se foi para mostrar aos coleguinhas que eles estavam sendo injustos e maldosos...

De qualquer forma, a minha reputação estava salva, e nunca mais tive problemas, pelo menos na sala de aula. Pelo contrário, longe de duvidarem da minha capacidade, muitas vezes os colegas recorriam à minha ajuda — nunca negada —, fosse nas redações, fosse nas outras matérias em que eu era boa, como por exemplo História e Inglês. Mas não Matemática... Porém o meu forte era e continuou sendo o português, não por saber muita gramática ou análise sintática, que, confesso, eu abominava, mas graças às redações, incrementadas tanto na forma como no conteúdo pelas minhas leituras.

L EITURAS ESSAS QUE, por outro lado, marcaram uma das "diferenças" que de certa forma me separaram, nos primeiros tempos, das minhas colegas de turma. Foi quando, logo que entrei para a Escola Americana, fui procurar a biblioteca do colégio. O Mackenzie possui uma grande e rica biblioteca, que ocupa um prédio inteiro. Biblioteca de consulta e também biblioteca circulante, e era isso que me interessava. Meus pais já estavam inscritos em duas bibliotecas circulantes, uma russa e uma alemã, onde eu também retirava livros para mim. Mas esta era brasileira, estava à mão, e tinha livros em português. E era disso que eu precisava, tanto para aprender o idioma como para entrar em contato com a literatura de língua portuguesa, para mim toda nova e desconhecida.

Então, lá fui eu para a biblioteca, toda entusiasmada e cheia de antecipação pelas delícias que me aguardavam entre as capas de tantos e tantos livros. Fui direto para uma das grandes estantes, escolhi dois livros de ficção — a esmo, porque nem sabia quem eram os autores, ou quais os assuntos de que tratavam — e me dirigi à bibliotecária, a fim de registrar a retirada. Qual não foi a minha decepção quando a professora, acho que era uma professora, me disse com o seu ar professoral que eu não podia retirar esses dois livros, "porque não são para meninas". Eu nunca ouvira falar que existissem livros exclusivamente para meninas — eu sempre lera livros, simplesmente. Havia livros "bons" e livros "ruins", isto é, livros interessantes e gostosos de ler, e livros enfadonhos (ou chatos, como eu diria hoje, só que essa palavra era considerada "chula" naquele tempo, e eu nem mesmo a conhecia).

Protestei com veemência, mas a moça me indicou uma estante pequena, num canto, com algumas coleções de livros tão "femininos" que até as capas eram cor-de-rosa: "Coleção das Moças", por exemplo, com títulos "românticos", como *John, o chauffeur russo* (?), e nomes de autores como Mme. Delly (imagine um autor se chamar "madame"!) — que eu também não conhecia. Fiz uma tentativa honesta e levei alguns daqueles livros, que nem eram brasileiros, mas traduzidos do francês. Li diversos deles, e só gostei de um, chamado *Sétimo céu* — talvez porque assisti a um filme americano adaptado dessa história, com um casal de artistas simpáticos, Janet Gaynor e Charles Farrell, o par cinematográfico mais popular da época.

Com esse livro, esgotou-se em duas semanas o meu pouco interesse por aquela estante "melosa", e voltei à carga, procurando nas outras estantes livros mais ao meu gosto, já bastante afeito a uma literatura mais consistente e empolgante. Mas foi em vão: a bibliotecária foi irredutível e me explicou, com alguma severidade, que garotas como eu não tinham nada que ler livros "fortes", totalmente impróprios para donzelas até bem mais velhas que eu. Argumentei que não podia imaginar que uma biblioteca de colégio pudesse ter livros impróprios para quem quer que fosse, mas não adiantou, e saí de lá de mãos abanando, frustrada e louca da vida.

Em casa, ardendo de indignação, contei o que me acontecera. Meus pais nunca me impediram, muito menos proibiram, de ler fosse lá o que fosse. O que eles faziam, muitas vezes a pedido meu, era indicar-me ou recomendar-me essa ou aquela obra, ou avisar, geralmente com razão, que desta ou daquela eu não ia gostar, pelo menos por enquanto. Então, papai me disse: "Não se preocupe, eu vou dar um jeito nisso". E, no ato, sentou-se e escreveu um bilhete para a bibliotecária do colégio — por sinal que em português impecável — dizendo algo como "A portadora, minha filha, tem a minha permissão de escolher e retirar dessa biblioteca todo e qualquer livro que ela queira ler".

Feliz da vida, levei o bilhete para a escola — e ele teve o efeito de uma minibomba. Foi uma espécie de escândalo, tanto junto às professoras como diante das alunas: já se viu, uma fedelha de pouco mais de onze anos poder ler tudo o que lhe desse na veneta! Mas se o pai autorizava, estava autorizado e ponto final, a autoridade paterna era a última instância. "Coisas de estrangeiros" — concluíram. E eu passei a retirar os livros que me interessavam, quanto mais grossos, tanto melhor, eu não queria que eles acabassem... O que contribuiu para a minha fama de "saliente", acho que imerecida, porque eu era mais tímida que outra coisa qualquer, e os livros, entre outras vantagens, eram o "porto seguro" onde eu me refugiava e soltava as asas da imaginação.

Essa minha timidez era fruto tanto da insegurança gerada pelo "choque cultural" do transplante, a mudança brusca de país e de ambiente, o difícil período de adaptação, como também pela fase biológica — a pré-adolescência — que eu estava atravessando. Eu me achava feia, gordota, branquela e mal-ajambrada, diante das meninas moreninhas, esguias, graciosas e bem-vestidas que eram as minhas colegas. E elas também me estranhavam, tanto assim que, se na classe nossas relações já eram razoavelmente cordiais, no recreio eu sentia, em certos momentos, uma discriminação tácita e não-declarada.

Como, por exemplo, quando se organizavam jogos de "partidos", e as "chefes" escolhiam, por turnos, as integrantes dos seus grupos, eu sempre era a última. Eu não era escolhida, mas aceita, que remédio, como a tal que sobrara. Isso pode parecer coisa sem importância hoje, mas na época me doía, me humilhava e me fazia sentir muita solidão.

Entretanto, a mágoa maior dentro da escola me foi causada, naqueles penosos dias de transição, não pelas colegas, mas por uma professora. Aconteceu que, por motivos de força maior, meus pais atrasaram o pagamento de um trimestre, e a diretoria mandou a professora da classe transmitir-lhes um aviso, por meu intermédio. Só que a professora, em vez de me dizer em particular o que tinha de ser dito, ou de me entregar um bilhete, fez uma coisa horrível: me chamou na classe e, em voz alta, diante da turma toda, falou para eu dizer a meus pais que efetuassem o pagamento nos próximos três dias, senão eu e o meu irmão seríamos expulsos da escola.

Foi um momento tão deprimente, que se fez um silêncio na classe, ninguém riu, ninguém se entreolhou, e eu só queria afundar pelo chão adentro. Felizmente, esqueci a cara e o nome daquela sensível educadora — mas demorei muito até superar a dolorosa impressão desse lamentável incidente.

Em compensação, lembro-me com carinho e gratidão de muitas outras professoras e professores da excelente Escola Americana, e aquele caso, tenho certeza, não passou de uma daquelas famosas exceções que confirmam a regra.

CORRIA O ANO DE 1931. Aproximava-se a data do meu aniversário: eu ia completar doze anos. Lá em Riga, nossos aniversários eram comemorados com animadas reuniões, no meio de uma grande família: avós, tios e tias, muitos primos e primas, a casa toda enfeitada, teatrinho feito por nós mesmos, jogos, cirandas, cantorias. E muitos presentes, muitos bolos e doces, e principalmente muito carinho e aconchego. A cadeira do aniversariante, na cabeceira da mesa, era decorada como um trono, com grinaldas e enfeites de papel, a criançada toda endomingada, ostentando chapéus de penacho e coroas de flores de crepom, tudo confeccionado por nossas próprias mãos. Eram eventos festivos, aguardados com palpitante antecipação, e registrados em fotografias feitas com "explosões" de magnésio, que faziam metade do grupo sair na foto de olhos fechados, e a outra, de olhos arregalados...

Mas os nossos primeiros aniversários no Brasil nem chegaram a ser comemorados, passaram "em branca nuvem", em meio à afobação e aos mil problemas da grande mudança. Assim, o dia dos meus onze anos não teve festa. Mas agora eu ia fazer doze, e estava na Escola Americana, e morávamos numa casa bastante espaçosa, e eu tinha uma porção de coleguinhas — e achei que já poderia recebê-los. Achei, mas não falei nada: a proposta de fazer uma festinha para mim partiu dos meus pais, e eu, claro, fiquei muito contente. Eu deveria convidar alguns meninos e algumas meninas da minha classe, aqueles com quem me relacionava melhor, uns dez ou doze. Mamãe prepararia uma bonita mesa de doces e refrigerantes — uma extravagância, nas nossas condições econômicas. E eu e meu irmão faríamos a decoração com enfeites de papel, chapéus e bandeirolas, como fazíamos lá em Riga. E eu teria a minha primeira festa de aniversário no Brasil.

Dito e feito. Escrevi até convites, com letra caprichada, em cartões com vinhetas coloridas da minha própria lavra, e os entreguei aos colegas de classe, na escola, alguns dias antes do evento, encabulada e contente com a receptividade amável dos convidados.

Quando chegou o dia — era um sábado, dia sem aulas na Escola Americana — preparei tudo, enfeitei a sala, me "enchiquetei" com o primeiro vestido e o primeiro par de sapatos novos desde que chegamos a São Paulo, e esperei pelos meus convidados, ao lado da mesa toda decorada e cheia de guloseimas. Os convidados estavam demorando a chegar, mas já me haviam dito que no Brasil não se costuma chegar na hora, especialmente em festas — pontualidade também era "coisa de estrangeiros" —, então não me preocupei muito, apesar da natural impaciência. Só que a demora estava se prolongando, e uma hora depois da hora marcada ainda não chegara ninguém. Nem duas horas depois. E nem três. E a minha aflição aumentando, a angústia subindo como um nó na garganta, um aperto no coração...

Resumindo, a triste e interminável tarde chegou ao fim, e anoiteceu, sem que aparecesse um só dos meus convidados, nem um único! Frustração, decepção, rejeição — essas foram as minhas companheiras naquele malfadado aniversário dos meus doze anos. Eu não era de chorar, e diante dos meus aflitos pais, que não sabiam o que fazer para me ajudar naquele transe amargo, eu não podia "dar parte de fraca". Mas à noite, na minha cama, quando ninguém viu, chorei muito, sufocando as lágrimas no travesseiro. E no ano seguinte eu não quis festa nenhuma.

Este foi um dos grandes traumas de transição do meu primeiro ano no Brasil, na Rua Jaguaribe. Felizmente, foi também um dos últimos, senão o último, de tamanho impacto. Mas que me deixou uma "equimose" na alma, que custou muito a desaparecer.

O ANO SEGUINTE, 1932, foi um ano de grandes acontecimentos na minha vida de menina transplantada, e também na vida da gloriosa cidade de São Paulo. Completei treze anos, sem festa, que eu não quis, escarmentada que estava pelo fiasco do ano anterior. Mas em compensação ganhei uma bicicleta, velho sonho finalmente realizado: eu era a única criança a ter uma bicicleta em toda a Rua Jaguaribe! E pela Rua Jaguaribe eu me pavoneava, orgulhosa, até "sem mãos", porque sabia andar de bicicleta desde os cinco anos de idade, nos balneários do Báltico. A molecada da rua se roía de inveja, os garotos pediam para dar uma voltinha, e eu, magnânima, até deixava — com o que melhorou muito a minha situação política na rua.

Melhorara também a minha situação na Escola Americana: eu já conquistara o meu espaço, tanto perante os professores como entre os colegas, que não caçoavam mais do meu sotaque nem me discriminavam daquele jeito. Eu já tinha até algumas amigas quase "íntimas". Além disso, logo depois de completar treze anos, "fiquei mocinha", como se dizia naquele tempo. E, se isso me deixava um pouco atrapalhada, deixava-me também bastante gratificada com o meu novo *status* de não-mais-criança.

Meus interesses começaram a mudar, junto com as mudanças que se processavam no meu corpo. As conversas entre as meninas estavam ficando diferentes, assuntos novos entravam nas conversas — que por sinal eu achava bastante maliciosas. Falávamos de filmes românticos, de namoros, essas coisas. E algumas meninas contavam piadas "picantes", que chegavam a escandalizar-me.

Mas de repente as conversas começaram a tomar um rumo inesperado e inédito. As meninas nunca antes falaram de política, havia até uma espécie de regra, expressa na frase muitas vezes repetida: "Política e religião, cada um com a sua opinião". Portanto, não era de bom-tom falar dessas coisas. E, de repente, parecia que não se falava de outra coisa — não religião, mas política: São Paulo estava "em pé de guerra". Os paulistas contestavam o governo federal, do então ditador Getúlio Vargas. Queriam, exigiam mesmo, uma Constituição democrática. Os ânimos estavam exaltados, as discussões ferviam. Nas reuniões, nas ruas, na imprensa, no rádio, falava-se em revolução, em guerra civil, numa porção de coisas que eu, nos meus treze aninhos, percebia mas não entendia muito bem.

Até que estourou uma revolução mesmo: a Revolução Constitucionalista Paulista, de 1932. E, entendendo ou não, eu a vivi, a senti, a observei. E, à maneira da criança que era, participei dela como podia: brincando com as colegas da escola de enfermeira na frente de batalha. E lendo avidamente os jornais... e vendo jovens voluntários partindo para a luta — havia vários moços do Mackenzie entre eles, e três deles morreram em combate. Eu até participei da campanha "Dê ouro para o bem de São Paulo" — doei uma correntinha de pouco valor material, mas que, como gesto, foi importante para mim, na medida em que consolidou a minha "naturalização" simbólica, a minha adesão emocional — para sempre — a São Paulo e ao Brasil, minha nova pátria.

Uma adesão que, por sinal, já começara alegremente alguns meses antes, no carnaval, quando pela primeira vez na vida vesti uma fantasia, singela fantasia de "malandro", calça comprida branca, camisa listrada, gorrinho de marinheiro — "vestiu uma camisa listrada e saiu por aí", como cantava Carmen Miranda. E fui, com papai e mamãe, até a Avenida Angélica, a duas quadras de casa, assistir ao corso e até pular e cantar um pouco, timidamente, e receber alguns punhados de confete, alguns rolos de serpentina, alguns jatos de lança-perfume, a título de batismo de neobrasileira...

A REVOLUÇÃO PAULISTA terminou no fim de setembro de 1932, com a derrota das forças constitucionalistas. Acho que foi também o fim da minha infância. Alguns meses depois, no começo de 1933, saímos para sempre da Rua Jaguaribe, para outra casa, outra rua, outro bairro — e o começo de uma outra etapa na nossa vida.

Mas isso já é outra história...

AUTORA E OBRA

Hoje não existem mais grandes distâncias. Vivemos numa "aldeia global" em comunicação permanente, via satélite, todo o mundo com todo o mundo. Vai-se de um país a outro, por mais distante que seja, em questão de horas. Tanto assim que se pode chegar a um local nos antípodas, do outro lado da "cosmonave Terra", literalmente "antes de ter saído", isto é, no dia anterior — por artes do fuso horário. E se pode ver, pela televisão, qualquer coisa em qualquer lugar do mundo, no momento exato em que ela acontece. A verdade é que você, meu caro leitor, já está vivendo no que para mim, há três quartos de século, era nada menos que fantasia, ficção científica, conto de fada. A viagem que hoje se faz da Rússia para o Brasil, em avião supersônico, acontece em coisa de um dia. A mesma viagem que fiz, de navio transatlântico, em nada menos que vinte e dois fascinantes e deslumbrantes dias... Tanto mais fascinantes e deslumbrantes porque eu tinha apenas dez anos de idade, e América e Brasil eram para mim palavras misteriosas e mágicas. Coisas dos meus livros de histórias de viagens e aventuras, evocando visões de índios canibais, caubóis, cobras e crocodilos, jaguares, papagaios e macacos, flores carnívoras, frutas exóticas, tambores selvagens, numa mistura atordoante e, porque não confessá-lo, um tanto quanto assustadora.

O fato é que, em 1929, quando cheguei ao Brasil, com meus pais e dois irmãos menores, eu não sabia o que esperar desse "transplante de menina" que estava acontecendo comigo. E os meus primeiros anos no Brasil, em São Paulo, Rua Jaguaribe, foram uma verdadeira "pororoca", um choque cultural, um terremoto psicológico. Sim. E a grande e linda descoberta de um novo mundo — um mundo que seria o meu nos mais de setenta anos seguintes — e no qual espero continuar ainda por mais algum tempo, para ver este país crescer e florescer, e melhorar, com e para os meus netos e bisnetos (já tenho três!).

Esta página deveria ser um pequeno bate-papo com os meus jovens — de todas as idades — leitores. Mas acontece que esse livro inteiro outra coisa não é senão um, e nem tão pequeno, bate-papo com os meus eventuais leitores, os brasileiros natos e os "chegados" de todos os quadrantes. E os seus filhos e netos e bisnetos — os *oriundi* dos quatro pontos cardeais, "transplantados" e enraizados como eu, ou aqui nascidos, com suas contribuições multicoloridas, culturais, genéticas, étnicas e outras —, amando e enriquecendo esta terra querida, formosa e hospitaleira.

Tatiana Belinky

Nota do editor: Tatiana Belinky faleceu em 15 de junho de 2013, em São Paulo. Mas continuará para sempre viva em livros como este.